陇东学院学术著作基金资助出版

| 光明社科文库 |

# 特色产业发展对策研究

## 以庆阳市为例

张松柏　张婧华◎著

光明日报出版社

图书在版编目（CIP）数据

特色产业发展对策研究：以庆阳市为例 / 张松柏，张婧华著 . -- 北京：光明日报出版社，2020.7
ISBN 978-7-5194-5846-1

Ⅰ.①特… Ⅱ.①张…②张… Ⅲ.①特色产业—产业发展—研究—庆阳 Ⅳ.①F269.274.23

中国版本图书馆 CIP 数据核字（2020）第 212251 号

## 特色产业发展对策研究——以庆阳市为例
TESE CHANYE FAZHAN DUICE YANJIU——YI QINGYANGSHI WEILI

| 著　　者：张松柏　张婧华 | |
|---|---|
| 责任编辑：郭思齐 | 责任校对：刘浩平 |
| 封面设计：中联华文 | 特约编辑：张　山 |
| 责任印制：曹　净 | |

出版发行：光明日报出版社
地　　址：北京市西城区永安路 106 号，100050
电　　话：010-63139890（咨询），010-63131930（邮购）
传　　真：010-63131930
网　　址：http://book.gmw.cn
E - mail：guosiqi@gmw.cn
法律顾问：北京德恒律师事务所龚柳方律师

印　　刷：三河市华东印刷有限公司
装　　订：三河市华东印刷有限公司
本书如有破损、缺页、装订错误，请与本社联系调换，电话：010-63131930

| 开　　本：170mm×240mm | |
|---|---|
| 字　　数：270 千字 | 印　　张：15.5 |
| 版　　次：2021 年 3 月第 1 版 | 印　　次：2021 年 3 月第 1 次印刷 |
| 书　　号：ISBN 978-7-5194-5846-1 | |
| 定　　价：95.00 元 | |

版权所有　　翻印必究

# 序　言

特色产业是区域特色资源和其他经营要素稳定结合、协同运作，形成适应市场需求、发展强劲、潜力较高，并且对其他产业有较强带动作用的产业集聚群，是区域经济发展的发动机。

特色产业理论有产业集群理论、区域比较优势理论、竞争优势理论等。

产业集群理论认为企业集聚能够以更低的成本促进企业建立和完善公共基础设施，并且充分利用这些公共设施，能促进专业化的劳动力市场的形成，为企业的发展提供丰富的人力资源，在提高企业收益的同时降低企业的运作成本，扩展企业的利润空间。

波特的集群理论认为地理集中促进了优势产业的形成，优势产业又进一步促进企业的集中，并实现专业化发展。产业集群化既是经济发展的结果，又是经济发展的源泉。

区域比较优势是指一个区域相对于其他区域的有利的发展条件，如地理条件、特色自然资源、劳动力资源及资金资源等要素，优越的知识和专业化也是比较优势存在的基础要素。

竞争优势理论认为一个国家有没有综合竞争优势取决于其国内企

第六节　庆阳市发展黄花菜产业的对策 …………………………… 50

## 第三章　建设庆阳市产业聚集区的对策研究 ………………………… 57
 第一节　不发达地区增长极的培植 …………………………… 57
 第二节　建设西峰产业聚集区的必要性 ……………………… 64
 第三节　庆阳地区"长—西—庆"经济带的建设 ………………… 69
 第四节　"驿马现象" …………………………………………… 72
 第五节　产业升级与政府政策的选择 ………………………… 82

## 第四章　培育庆阳市本土企业的对策研究 …………………………… 89
 第一节　经济不发达地区企业竞争策略 ……………………… 89
 第二节　经济不发达地区企业产品市场定位策略 …………… 93
 第三节　庆阳市招商引资工作调查研究 ……………………… 98
 第四节　企业营销道德建设 …………………………………… 130
 第五节　营销人员的品性素质 ………………………………… 135
 第六节　庆阳地区特色品牌策略 ……………………………… 139
 第七节　庆阳市经济发展的切入点 …………………………… 145
 第八节　庆阳市乳豆项目分析 ………………………………… 149
 第九节　庆阳香包的市场营销策略 …………………………… 157

## 第五章　庆阳市发展能源旅游产业的对策研究 ……………………… 163
 第一节　整体推进庆阳市能源产业发展的对策研究 ………… 163
 第二节　能源型城市演化规律研究 …………………………… 173
 第三节　庆阳市旅游资源的特点与发展对策研究 …………… 182

## 第六章　增加庆阳市农民收入的对策研究……………… 192

### 第一节　贫困地区农业和农村经济的发展……………… 192
### 第二节　以人为本，全面建设庆阳市小康社会的新思路……… 199
### 第三节　庆阳市农民贫困的类型……………………… 207
### 第四节　庆阳市富裕农民的类型……………………… 212
### 第五节　增加庆阳农民收入要分两步走………………… 215
### 第六节　劳务输出是带动贫困地区经济发展的可行办法……… 221

## 参考文献……………………………………………… 228

## 后　记………………………………………………… 236

# 第一章

# 庆阳市概况

庆阳，甘肃省省辖市。位于甘肃省最东部，陕甘宁三省区的交汇处，系黄河中下游黄土高原沟壑区，习称"陇东"，素有"陇东粮仓"之称。全市总土地面积27119平方千米，总人口261万，辖1区7县116个乡镇。

庆阳市是中华民族早期农耕文明的发祥地之一，20万年前这里就有人类繁衍生息，7000多年前就有了早期农耕，4000多年前，周先祖不窋开启了农耕文明的先河。这里是"环江翼龙"和"黄河古象"的故乡；是中国"第一块旧石器"的出土地；是中国中医药文化的发祥地，中医鼻祖——岐伯出生于此，并在此成就了举世闻名的《黄帝内经》。这里也是原陕甘宁边区的重要组成部分，甘肃唯一的革命老区，被誉为"永远的红区"。这里还是国家级陇东大型能源化工基地核心区和长庆油田的发源地，其石油、天然气和煤炭蕴藏富集。

辖区有西峰区和庆城、华池、宁县、镇原、合水、正宁、环县。

## 第一节 庆阳市区域位置

### 一、庆阳市位置境域

甘肃省庆阳市东接陕西省延安市，南与陕西咸阳市及甘肃省平凉市相连，北邻陕西省榆林市及宁夏盐池县，西与宁夏固原市接壤。庆阳市属黄河中游内陆地区，位于 106°20′E～108°45′E，35°15′N～37°10′N。东倚子午岭，北靠羊圈山，西接六盘山，东、西、北三面隆起，中南部低缓，故有"盆地"之称。区内东西长 208 千米，南北相距 207 千米。

### 二、庆阳市地质地貌

远古以来，经过地质不断运动和变迁，古生代陆地从汪洋中隆起，陇东出现丘陵。中生代沉积成我国西北最大的庆阳湖盆，涉及陕、甘、宁、蒙，浩瀚辽阔。第四纪陆地不断抬升，更新世的大风，席卷黄土，覆积成厚达百余米的黄土高原。全新世，黄土高原被河流、洪水剥蚀切割，形成现存的高原、沟壑、梁峁、河谷、平川、山峦、斜坡兼有的地形地貌。庆阳的地形分为中南部黄土高原沟壑区、北部黄土丘陵沟壑区和东部黄土低山丘陵区。全市海拔相对高差 1204 米，北部马家大山最高为 2089 米，南部政平河滩最低为 885 米。

### 三、庆阳市地形地势

庆阳市地势南低北高，海拔在 885～2089 米之间。山、川、塬兼有，沟、峁、梁相间，高原风貌雄浑独特。全境有10万亩以上大塬12条，面积382万亩。董志塬平畴沃野，一望无垠，有700多平方千米，横跨庆阳市四县区，是世界上面积最大、土层最厚、保存最完整的黄土塬面，堪称"天下黄土第一原"。

## 第二节　庆阳市自然资源条件

### 一、庆阳市土地资源

庆阳市可利用土地资源面积为3848.61平方千米，人均可利用土地资源面积为0.14平方千米。可利用土地资源相对比较丰富，但是分布极不均衡，其中环县、镇原县、西峰区等3县（区）相对较丰富，正宁县、庆城县、宁县、合水县、华池县等5县相对较缺乏。

庆阳市可利用土地资源数量虽较丰富，但是土地质量欠佳，由于庆阳市海拔主要集中在1000～2000米，坡度主要集中在15～25度，海拔较高，坡度较大，土地利用的制约因素较多，建设成本较高建设难度大。

### 二、庆阳市水资源

庆阳市位于黄土高原，地下水位低，地表水少，其可利用的局限性较大，大气降水在水分资源中占主导地位。水分资源的空间分布由东南向西北递减，与同纬度相比，属水分资源贫乏区。全市地下水的静储量为43.39亿立方米/年，动储量为3714万立方米/年。出自沟底、河床年于4月28日—5月10日开始，于10月1日—10日结束，持续日数为143~163天。东部和西北部的无霜期在155天以下，中、南部在155天以上。

中南部川区，热量资源较为丰富，90%以上的年份，种植农作物可保障两年三熟，60%的年份可保障一年两熟。中南部塬区，农作物生长期多年平均255天左右，80%的年份在245天左右。

**四、庆阳市太阳能资源**

庆阳市的太阳能资源较为丰富，属春、夏有效利用型。太阳辐射年总量在5280~5710兆焦/平方米。太阳辐射月总量以6月份为最多，各地历年平均611~709兆焦/平方米，日平均20~24兆焦/平方米；以12月份为最少，为263~367兆焦/平方米。在植物生长期内，日平均太阳辐射量在11~24兆焦/平方米。太阳能可利用年总日数（以每天日照时数≥6小时计）为190~250天，有效比为1.4~1.8。日平均气温≥0℃期间的日照时数，各地平均1641~1879小时，太阳能利用日数为132~178天，太阳生理辐射总量为2046~2248兆焦/平方米。日平均气温≥10℃期间的日照时数为1087~1293小时，利用日数为80~120天，太阳生理辐射总量为1429~1589兆焦/平方米。太阳能除冬季温度低和秋季阴雨日数多等条件影响，使农业生产的利用率受时间的限制外，在空间的利用上也有一定的差异。在植物生长发育期内，华池光照少，其日平均气温≥10℃期间的太阳生理辐射总量不足1430兆焦/平方米。西北部虽然是全市光照最多的区域，但绝大部分地方热量不足，加上水分条件的限制，使太阳能利用效率不如中、南部。

### 五、庆阳市生物资源

庆阳市子午岭40621公顷次生林，为中国黄土高原上面积最大、植被最好的水源涵养林，有"天然水库"之称，生长着松树、柏树、桦树等200多种用材林木和经济林木，栖息着豹、狍鹿、灵猫、黑鹳、鸳鸯等150多种野生动物，2006年经国务院批准，成立子午岭国家级自然保护区，子午岭海拔在1600～1907米，林区内峰峦叠翠，谷壑幽深，登岭远眺，群山连绵，峥嵘突兀，云海翻腾，保护区森林覆盖率88.3%。

### 六、庆阳市名优特产

庆阳素有"陇东粮仓"之称，盛产小麦、玉米、油料、荞麦、小米、燕麦、黄豆等，尤以特色小杂粮久负盛名。庆阳是甘肃优质农畜产品生产基地，地处全国苹果生产最佳纬度区，已被农业部列入西北黄土高原苹果优势带，红富士苹果、曹杏、黄柑桃、金枣等水果和早胜牛、环县滩羊、陇东黑山羊、羊毛绒等大宗优质农畜产品享誉国内外。庆阳还是全国最大的杏制品加工基地和全国规模最大的白瓜子仁加工出口基地，是全国品质最优、发展面积最大的黄花菜基地和国家特产经济开发中心确定的全国特产白瓜子、黄花菜示范基地，是中国特产之乡推荐暨宣传活动组委会命名的"中国优质苹果之乡""中国黄花菜之乡""中国小杂粮之乡"，是国家林业局命名的"中国杏乡"。庆阳还是中医药之乡，产有甘草、黄芪、麻黄、穿地龙、柴胡等300多种中草药，其中69种已列入《中华人民共和国药典》。

庆阳中南部塬地为古老的农耕区，主要种植冬小麦、糜子、苜蓿、炭资源预测储量的 4.23%。按照每年生产 1 亿吨煤炭的目标计算，至少可以开发 786 年，已完全具备亿万吨级大煤田建设条件。庆阳境内的煤炭资源缺点是埋藏较深，优点是煤质好，是优良的动力煤和化工煤。

### 三、庆阳市其他矿产储量

庆阳还拥有白云岩、石英砂、石炭岩等 10 多种矿产资源，具有良好的开发前景。白云岩分布于环县毛井乡黄寨柯村的阴石峡，矿区露出地层长 930 米、宽 500 米，层位稳定，总储量 675.7 万吨，矿石为块状，基本不含杂质，可达到一级晶要求，具有满足冶金、制作陶瓷和玻璃及提炼金属镁等良好的工业开发价值，而且矿区地质结构稳定，交通方便，土地宽阔，工程技术环境和条件良好。石英砂主要分布于西峰—镇原一带及环县甜水堡，其化学成分、矿物成分和粒度成分三大指标均符合酒瓶玻璃原料标准。镇原—西峰 7 个矿点估算总储量为 5429 万吨，环县甜水堡估算总储量为 800 万吨，均属大型矿床规模，具有良好的开发前景。石灰岩主要分布于环县西北部的石梁，为中型矿床，矿体呈层状分布，远景储量 1225.9 万吨，其中水泥石灰岩 39.5 万吨，制碱灰岩 1184.4 万吨。在环县九连山还有小型矿床，矿体亦呈层状分布，地质储量 128.18 万吨。

## 第四节　庆阳市旅游资源条件

庆阳市现有旅游景点 61 处，其中人文类 56 处（红色革命胜迹 7

处），自然风景类5处。主要景点有周祖陵、公刘庙、陇东民俗博物馆、岐黄中医药博物馆、子午岭、红色南梁、山城堡战役遗址、北石窟寺、石空寺石窟、东老爷山、夏家沟森林公园、潜夫山森林公园、东湖公园、南小河沟等。

庆阳旅游资源品位高、潜力大、具有人文景观、生态景观和民俗风情结合的特点。本书就以下几点对庆阳市旅游资源做简要介绍。

## 一、董志塬

董志塬位于六盘山之东，因六盘山又名陇山，故以董志塬为中心的黄土残塬总称陇东黄土高原。它是大自然鬼斧神工的杰作。据考证，数百万年前，这里是一片满布沼泽的稀树草原，随着喜马拉雅板块的升高，东亚大陆季风气候的形成，西伯利亚的狂风搬来层层黄土，形成现在的黄土高原。董志塬平畴沃野，一望无垠，有13627亩，是世界上面积最大、土层最厚、保存最完整的黄土塬面，堪称"天下黄土第一塬"。

## 二、子午岭

东部纵跨南北的子午岭，海拔1500～1700米，总面积4187平方千米，山势巍峨壮美，风光秀丽宜人，森林茂密，苍翠起伏，为黄土高原最大的天然次生林区，被称作陇东的"绿色水库"。秦直道南北纵贯，战国秦长城东西横穿，调令松涛、古堡落日、直道林荫、鱼乱月影、鹿鸣翠谷、双塔曦照、凤川飞鹭、太白清风为林区八大胜景。林缘过渡地带，梁峁纵横，山峦交织，草地牧场，农牧兼作，既可领略稚童挥鞭牧牛羊的草原风光，也可欣赏老农扶犁唱民谣的田园情趣。地处子午岭东麓的合水县太白乡山清水秀，滩涂宽阔，适产水稻，鱼塘鸭池亦随处可见，素称"陇东小江南"。

### 三、小崆峒

小崆峒位于西峰区城南九千米的董志塬畔，其山势形若游龙，蜿蜒险峻，梁坡林茂草密，绿荫浓郁，季节变化丰富，四季景色各异，是陇东黄土高原的"天然标本园"和黄土沟壑区少见的风景旅游胜地。

### 四、北石窟寺

北石窟寺位于甘肃省庆阳市西南25千米处，蒲河和茹河交汇之东岸的覆钟山下，海拔1083米。因其与平凉泾川南石窟寺同时代开凿，南北辉映，直线相距45千米，故而得名。北石窟寺肇造于北魏宣武帝永平二年，即公元509年，由泾州刺史奚康生主持创建。历经西魏、北周、隋、唐、宋、清各代相继增修，形成一处较大规模的石窟群。北石窟寺包括寺沟主窟群，以及其北1.5千米处的楼底村一窟（简称"北一号"），其南1.5千米处的石道坡石窟、花鸨崖石窟、石崖东台石窟群等，南北延续3千米。现存窟龛296个，石雕造像2126身，碑碣8块，壁画96.7平方米，题记150方。主要精华石窟集中在寺沟主窟群，此处有283个窟龛，密布在高20米、南北长120米的黄砂岩崖体断面上。代表洞窟有北朝的165号、240号窟和盛唐时期的32号、222号、263号窟。雕造内容极其丰富，其千姿百态的石雕艺术，浓缩了陇东汉唐文化的精华，也是古代中外文化交流的结晶，在中国佛教石窟艺术史上占有一定的位置。1988年1月被国务院公布为全国重点文物保护单位，现为陇东著名的旅游胜地。

## 五、周祖陵

周祖陵森林公园位于甘肃省庆阳市庆城县城东山，因山顶有一座著名的墓冢——周先祖不窋（zhú）陵而得名。据史料记载：不窋失农官之后，西徙定居今之庆阳，在陇东庆阳一带创建了华夏文明的农耕文化。由于他功绩卓著，死后人们把他葬于此山。周祖陵历史悠久，钟灵毓秀，自古就是游览胜地。山顶周祖文化区，总体布局严谨规范，错落有致。

## 六、南佐遗址

南佐遗址又叫南佐疙瘩渠仰韶文化遗址（新石器时代，约前4000—前2000年），位于西峰区西南处的后官寨乡南佐行政村王家咀自然村，为全国重点文物保护单位。南佐遗址所处的位置是陇东黄土高原董志塬西北部沟壑地带。遗址主要分布在两条沟壑之间的塬面上，其地貌为两侧冲沟、中间形成较长的平坦塬面，庆阳人称之为"咀"。此处由北向南微倾斜，东连董志塬，西临蒲河水，三面为沟坡，平咀塬面边缘断崖上多处暴露有文化层、灰坑及墓葬等遗迹。现已调查确定的遗址总面积达20万平方米，文化层厚为2~7米不等。

南佐遗址不仅是庆阳的一处极其珍贵的文化遗产，也是我国优秀文化遗产的重要组成部分，其蕴藏丰富的文物资源，足以揭示陇东人乃至华夏民族史前文化的灿烂光辉。南佐遗址距离庆阳市仅6千米，交通非常便利。对这一古文化资源进行保护性开发利用，既可向世人展示庆阳的远古历史文化，为庆阳历史文化研究工作提供更加广阔的领域和丰富的资料，又是一处景色秀丽的休闲胜地，将对庆阳市乃至全省的旅游业发展起到推动作用。

**七、南梁革命纪念馆**

南梁革命纪念馆总建筑面积 20000 平方米，其中馆藏面积 2281 平方米。纪念馆大门左侧竖刻着陈云同志题写的"南梁革命纪念馆"馆名，大门里正对面是一座高大的仿古牌坊，牌坊正中刻着"南梁革命纪念馆"七个大字。牌坊后面是南梁革命烈士纪念塔，碑座东西两壁及背面刻着刘志丹、谢子长、王泰吉、杨森、杨琪等 608 位烈士的英名。

整个建筑群分四组。第一组为门洞，门洞上有凉亭，进洞有石牌坊门。第二组为碑亭、纪念碑和群雕，碑高达 34.117 米，碑身正面镌刻着胡耀邦同志题写的"革命烈士永垂不朽"八个大字，纪念碑东侧是显示陕甘边区军民英雄气概的白色群雕，西侧是清音楼。最后面是陕甘边区苏维埃政府旧址，内有三个革命文物展览室，里边分别陈列有毛泽东、周恩来、朱德等同志的题词，刘志丹等烈士的生平简介及部分遗物；再现陕甘边区革命斗争史的文字、绘画、图片及实物；方毅、马文瑞、汪锋等 39 名中央、省领导及当年在南梁地区战斗过的老前辈的题词。纪念碑后是立体群雕，高 4 米。第三组是清音楼，恢复原荔园戏楼，并增建了一座凉亭。第四组为展厅，分三部分陈列：第一部分是南梁革命烈士简介及画像；第二部分陈列着革命文物及南梁革命史；第三部分陈列领导题词。南梁革命纪念馆是纪念革命前辈、开展爱国主义教育的基地。

# 第二章

# 庆阳市发展特色农产品的对策研究

## 第一节 不发达地区比较优势的建立

比较优势，重在"比较"。也就是说不仅要有优势，而且要使自己的优势比其他拥有同类优势者更强大、更优越。这是一个地区获得快速发展的决定性因素。不发达地区的区域经济长期处于相对落后状态，有些地区甚至在较长一段时期停滞不前，其根本原因是没有形成强大的比较优势，这些地区今后实现经济快速发展和各项事业兴旺发达的立足之本，就是要在全区内的各级各类经济系统和经济实体组织中，不仅要形成优势，而且要在纵向、横向的全方位对比关系和国内外市场竞争关系中，使自己的优势比其他经济主体所拥有的同类优势更强大。在名牌产品、骨干企业、主导产业等重大经济活动领域，只有组建起具有压倒性威力的竞争优势，依靠优势立足市场、占领市场、扩大市场，才能加快财富增值，把握经济发展主动权，才有条件比其他地区发展得更快。

**一、建立比较优势的必要性**

（一）社会化大生产的必然要求

在社会化大生产中，一个地区作为一个规模相当大的经济和社会系统，内部存在着复杂的分工体系，存在着实现综合发展的必要性和必然性，但它同时又是全省、全国和全球社会分工体系中一个特殊的分工单位。作为一个分工单位它只有发挥出优势很强的社会分工效能，才有生存的理由和自我发展的能力，才能成为社会大系统中的一个合格的组成部分，因而也才能靠自己的优势分工职能在大系统中占据比较优越的地位，获得较快的发展。

（二）以市场为媒介的商品经济的客观选择

价值规律的内容和要求是，商品的价值量是由生产商品的社会必要劳动时间决定的，商品的交换以价值量为基础，实行等价交换，而商品的价值量又同劳动生产率成反比例关系。不同商品生产者的劳动生产率不同，生产商品的个别时间不同，从而个别价值不同，都按由社会必要劳动时间决定的价值出售，必然会产生收入上的差别。那些劳动生产率高，单位商品中耗费的个别劳动时间少，其商品的个别价值低于社会价值的商品生产者，就可以获得较多收入；反之，则只能获得较少收入。如果某个经济区域在某种资源的开发和利用上形成优势，在某种产品的生产和销售上形成强大的比较优势，在一个工业小区、一个产业集中区形成一种相互促进、共同提高的结构性比较优势或在某一个行业上形成面向国外市场的行业比较优势，那么在优势区域的产品生产上就具有较高的劳动生产率，从而其个别商品的价值就低于社会价值，会给本地带来很大的优势经济效益。

## （三）市场经济的内在要求

市场经济就是市场对资源配置起基础作用的商品经济，社会资源是发展社会经济所需要的各种要素，如人力、物力、财力等资源。为了使社会经济的各部门均衡发展，社会资源需要在各部门、行业和企业之间合理分配，只有合理分配社会资源，使其得到最有效的利用，才能保持社会经济的快速增长，最大限度地满足社会需求，取得最佳的社会经济效益。资源的配置是通过一定的市场机制实现的，即通过市场上的供求机制、价格机制和竞争机制引导资源的流向。市场的供求变化通过价格的涨落表现出来，商品生产者根据市场信号作出经营决策。某种商品价格上涨，引导生产者扩大对生产该商品的投入，促使资源流入该部门；某种商品价格下跌，则促使资源流向其他部门。竞争的优胜劣汰，促使资源在不同部门和企业之间流动，哪个部门能最有效地利用资源，它就能在竞争中不断发展壮大，资源就向哪里集中。建立了强大比较优势的行业、部门、企业、生产线，就能最大限度地吸纳和利用相关经济资源，这些经济资源在此处就能发挥出最大的经济效益和社会效益，从而形成一种"比较优势强—资源利用率高—资源向哪里集中—比较优势更强"的马太效应。以人才资源的市场调节为例，哪个地区社会发育程度高，人才的作用能得到最充分的发挥，人才的价值能得到最大限度的实现，人才就向哪里集中。反之，不发达地区缺乏人才，也需要人才，但人才的作用得不到最充分的发挥，人才应有的回报得不到实现，人才就招不来，留不住。所以，建立地区比较优势是市场经济的本质要求。

## （四）发展本地经济的立足之本

不发达地区的区域经济与省内外发达地区相比，速度不快，效益不佳，水平不高的主要症结在于缺乏坚实的立足之本，也就是强大的比较优势。对一个地区来说，能作为其立足之本的优势，是决定着全区在社会分工体系中占据重要分工地位并拥有雄厚经济实力和强大后续发展能力的那种优势。在分工发达、竞争激烈、发展速度很快的现代社会条件下，一个人、一个企业、一个部门、一个地区甚至一个国家，都是一定层次的社会分工职能的承担者，都必须依靠比较优势占据一定的社会分工地位，自立于充满竞争关系或用竞争关系维系着的社会分工体系之中。无优势或优势不强，就会失去立足之地，被分工体系的迅速变化，竞争关系的日益激烈或快节奏的发展潮流所淘汰。相反，拥有强大优势者就有了兴旺发达的立足之本和支撑。国内外一切迅速崛起或获得较快发展的企业、行业和地区，都以成功实现比较优势原则为共同经验。

**二、建立比较优势的途径**

（一）坚定信心，持之以恒

就是把形成、增强和发挥比较优势原则作为经济工作中的总体战略原则，选中优势方向，夯实优势基础，抢抓优势机遇，以埋头苦干为基础，以科学决策为依据，以内引外联为条件，以改革、发展、提高效益为动力，不因个别领导的调整而改变，不因细枝末节的干扰而动摇，经过较长的滚动式发展和特殊条件下的飞跃式发展形成较强优势。

（二）解放思想，开拓思路

邓小平同志多次强调："思想要更加解放一些，改革开放的步伐要走得更快一些。"不发达地区经济的发展，比较优势的尽快形成，更是要思想大解放，思路大开拓，彻底改变等待、观望、满足现状的陈旧落后观念，走出一条不发达地区思想解放、思维开阔、后起直追、奋发图强的新路子。

（三）实干加巧干，调动一切积极因素

不发达地区经济的发展尽管有国际大环境的推动，有国家西部大开发的政策倾斜和支持，但要从根本上改变生态环境脆弱，工业基础薄弱，交通落后，信息闭塞，科、教、文、卫起点低、水平低等基础层面上的落后状况，仍然需要当地的人民群众继续发扬埋头苦干的精神，不如此，满目荒山的面貌就难以改变。在实干的同时，不要忘了巧干，就是要最大限度地利用金融杠杆和其他经济手段，吸引国外和发达地区的资金、技术、人才，用现代技术手段、管理手段、融资手段促进不发达地区优势基础的提高。

**三、营建比较优势的策略**

（一）突出地区形象优势，做好比较优势的基础性工作

任何一个地区都有独特的历史特色、人文特色、自然特色、资源特色、民族特色、生活习惯特色等，这些特色就是优势或潜在优势。我们要深化改革，强化特色的深度，扩大特色的知名度，以特色为核心，重视特色文化建设；提高全体居民的思想道德水平，普及科学文化知识，增强对特色文化的自信心和自豪感；挖掘特色文化的深度，弘扬特色文化的广度，把突出地区优势作为一项战略性的工作来做，使地区和优势之间形成密不可分的一种联系，为下一步以优势为核心的产品开发、销售及其他经济综合发展策略打下取之不尽的地区形象优势基础。

（二）抓住一点重点突破，以点带线，以线带面，营造局部微观优势

对不发达地区要以区内中心城市为依托，以有潜力的行业为基础，

以某一项技术的引进、某一种产品的开发为突破点，集中人力、财力营造局部优势，形成区域性的微观优势增长极，对内具有吸纳资金、技术、人才的能力，对外具有向周边地区辐射的作用，类似于战争上的"集中优势兵力"策略。

（三）没有优势，创造优势

有不少地区—不沿边沿海沿江；二无大城市和重点工程辐射；三是基础设施投入不足，城镇化进程和投资环境改善十分困难；四是工业脆弱，效益低下，劳动力素质不高，这些地区看起来，确实无任何优势可言，被远远抛在社会大生产的分工体系之外。其实优势可以是先天形成的，也可以是后天创造的，优势是可以营建的。对边远地区来说，人少地多，农业资源富足是有利条件，人多地少，农业资源贫乏则可以成为依靠第二、第三产业致富的压力和动力；国内市场广阔是扩大内销生产的好机遇，而国内市场饱和则是向外扩展的好机遇；只有荒滩一片，就靠无偿赠送荒滩土地引进外资办企业。家乡条件好，立足家乡致富；家乡条件不好，就靠走遍天下致富；在其他地区普遍遇到某种困难或普遍犯有某种错误的情况下，自己率先克服这种困难或率先纠正这种错误，在正确的道路上先走一步，这是一种抓住机遇的方式；在其他地区普遍获得成功，普遍加快发展的情况下，自己以最快的速度把别人的长处学过来，形成博采众长为我所用的优势，这也是一种抓机遇的方式。总之，有些优势具有现成性，只要因势利导，就能发扬光大；有些优势则需要在科学论证的基础上，明确目标，坚定信心，持之以恒，经过十年八年的建设，才能形成。任何地区只有找到自己的比较优势，才能参与到社会分工的系统中来。

（四）抓一批名牌企业，出几项名优产品，树几个名牌商标，采用

名牌拉动的策略，促进本地比较优势的形成

面面俱到，全面发展，难以形成比较优势，在一处或几处下大力气，创出几个在国内和国际上有名的名牌企业、名优产品、名牌商标，可以起到内引外联的作用和扩大战果的作用。

## 第二节 庆阳市推进特色农产品产业化的政府工程

庆阳市自然条件独特，农产品品种繁多，品质优良。作为全国苹果生产最佳纬度区之一，庆阳被农业部列入黄土高原苹果生产优生带，庆阳是全国最大的杏制品加工基地、白瓜子仁加工出口基地和黄花菜生产基地，是国家特产经济中心确定的全国特产白瓜子、黄花菜示范基地，是甘肃省重要的畜产品生产基地，是省商务厅确定的全省农产品出口创汇示范基地。庆阳市政府把农特产业确定为"十一五"规划及中长期发展的主导产业，采取了一系列建设性措施，推进特色农产品产业化进程。

**一、庆阳市推进特色农产品产业化政策的简要里程**

（一）整体推进特色农产品产业化的发展

1. 战略指导

为使特色农产品成为农民增收、企业增效、财政增长的支柱产业，市委市政府坚持把扩大外贸出口、促进外向型经济发展作为事关经济社会发展的一项重要工作来抓，出台了《关于进一步改善投资环境、加快对外开放的意见》《关于大力发展外向型经济，进一步加强外贸出口创汇工作的意见》《庆阳市出口创汇重点保护企业管理办法》《庆阳市招商引资优惠政策》《庆阳市招商项目督察报告的规定》《庆阳市招商引资奖励办法》《庆阳市招商项目优质服务的规定》等政策，从战略上加强指导。

2. 文化促进

从2002年开始庆阳市连续举办了五届"中国庆阳香包民俗文化艺术节"和一届"中国西部商品交易会"，在文化搭台、经济唱戏的指导原则下庆阳特色农产品闪亮登场，撑起了庆阳节会的半边天，极大地提高了庆阳特色农产品的知名度和美誉度。另外，庆阳市积极组织特色农产品参加"兰交会""西交会""广交会""闽交会"和国外的商品交易会，并在国内外结交的友好城市中极力推介庆阳的特色农产品。

3. 品牌塑造

强化产地特色、塑造产地品牌、以品牌促营销战略的实施，成为庆阳市经济社会发展的新亮点。如2000年在省里注册了"陇东牌"绿色系列食品商标，什社小米商标已被国家商标局审定公告，注册商标为"金什社"，"庆针牌"黄花菜、"凤川"白瓜子等都已有商标。"陇蜜"苹果进入了东盟市场，"宫河"牌大葱成了上海博览会的畅销产品。

4. 政府服务

庆阳市对出口创汇重点企业实行挂牌保护，给予其各种优惠政策，帮助40多户外贸出口企业办理了相关手续。帮助甘肃通达果汁有限公司完成美国的果汁反倾销调查官方验证，最终胜诉，获得出口美国关税零税率；帮助两户企业在2005年全国甘草及其制品出口配套公开招标中成功中标，帮助有条件的外贸出口企业开展卫生检测体系认证和质量管理体系认证，帮助企业到省里办理自营出口证、出口企业卫生注册证、出口退税、异地投资备案、电子通关等相关手续，并邀请省贸易促进委员会、甘肃出入境检疫协会到庆阳办各种培训班，帮助企业提高管理水平和技术。

（二）实施项目带动

在"大上项目，上大项目，求大发展"的指导原则下，职能部门认真选择项目，科学论证项目，大胆营销项目。1999年，引进美国SCl公司的投资，创办了庆发绿色食品有限公司，从而带动了当地白瓜子、籽仁类农产品的加工出口。2001年，深圳东部开发集团引进瑞典利乐工程公司浓缩苹果清汁全自动生产线，在庆阳创办甘肃通达果汁有限公司，2005年出口2150万美元，成为庆阳市唯一的国家级农业产业化龙头企业。美国特种商品公司投资创办的甘肃泰和食品有限公司，2005年加工出口瓜子仁、葵仁1408万美元。中国香港中骏公司、韩国株式会社玉泉食品公司等也分别在庆阳创办了润玉食品有限公司、润康食品有限公司等农产品加工出口企业。这些项目，推动了庆阳的农产品加工出口。

（三）培育龙头企业

庆阳市坚持强龙头、壮基地、建市场、带农户，把农业和工业融为一体，把产加销、贸工农有机结合。在全市建成规模以上农产品加工企业271户，其中产值上亿元的龙头企业5户，上千万元的企业20户，国家、省、市级龙头企业达到28户，初步形成了10大类龙头企业群体，建成了12个年交易额10亿元的专业市场，产业化经营机制基本形成。

（四）推进规模化种植

早在"十五"规划中庆阳市就提出了建设特色小杂粮100万亩，

豆类100万亩，洋芋100万亩，优质苹果42万亩，杏园730万亩，晋枣4万亩，核桃、花椒等20万亩，紫花苜蓿120万亩，黄花菜30万亩，白瓜子10万亩，反季节蔬菜60万亩的规模化种植规划。2005年年末在对原有成果进行调研整理的基础上，又进一步提出了"大力实施耕地紫花苜蓿、肉绒羊、肉牛、苹果、黄花菜、白瓜子和油葵'六个百万（亩、头）'工程"的规模化种植目标。

（五）制定生产质量标准

全市农产品商标注册和原产地申报工作认真有序，取得了一批无公害和绿色产品认证，制定了20个无公害农产品生产加工质量标准，建成了25个标准化生产示范点。取得国家绿色食品认证14个，获得了"中国优质苹果之乡""中国黄花菜之乡"等4个全国性特色产品基地称号。庆阳市与西北农林科技大学共同制定的黄花菜生产质量标准已经由农业部颁布实施。鼓励出口企业获得符合进口市场要求的有机产品认证和HACCP、ISO9000等国际认证，取得卫生注册，建立农产品种植、养殖履历和可追溯体系。

## 二、庆阳市特色农产品产业化发展中存在的问题

（一）政策环境优良，但是运行机制有待完善

国家实施西部大开发战略以来，庆阳市享受扶贫开发、西部退耕还林还草、农业综合开发、出口退税等优惠政策，使这里成为我国出口特色农产品的重点地区，尤其是近几年庆阳市实施了"8811"项目工程，即扶持庆发、通达、陇东等8大出口创汇龙头企业，建设苹果、黄牛、黄花菜、白瓜子、黑山羊、紫花苜蓿等8大出口商品基地，建设1个外贸出口加工贸易区和1个外贸高新技术开发区，政策环境更加优良。但

在运行机制上，还有许多有待完善之处。对特色产业发展至关重要的投融资机制发展滞后，特产企业每到收购季节资金普遍告急；全国有名的驿马特产加工出口贸易区发展定位模糊，园区范围模糊。

（二）产业基础已经具备，但是产业升级刻不容缓

以庆阳市驿马镇加工出口贸易园区为例，2006年6月底，该区农副产品加工企业已发展到181户，其出口额仅白瓜子一项就占全国同类产品出口量的70%，形成了全国有名的内陆地区农副产品加工出口区，创造了内陆欠发达地区民营经济快速发展的惊人业绩，该镇农副产品加工销售已扩展到油葵、黄花、杏胡、杏干、脱水蔬菜等9类32个品种。从区内11个主要加工企业的情况看，2005年这11户企业的加工量达到5.2万吨，出口量达到4.45万吨，产值达到3.86亿元，出口供货和创汇总计达到4212万美元。但是园区内企业之间业务关联性和技术关联性不大，缺乏明确的产业分工和产业特色，产业结构趋同严重，大量小而全的企业在同一个集群中阻碍了产业链的延伸并危及园区自我发展和竞争力的提高。

（三）文化底蕴深厚，但是整合不够，闪光点分散

庆阳市是中华农耕文化的发祥地，是岐黄故里，中医中药的发源地，环江翼龙化石、黄河古象化石为世界瞩目，秦直道遗迹犹存，元代香包叹为观止，陕甘宁革命边区的红色景点星罗棋布。但这些文化资源没有很好地和质量甲天下的特色农产品的营销有机结合起来，没有形成庆阳市的整体形象，没有改变庆阳市在世人心中的贫穷、落后老区的印象。

（四）资源特色鲜明，但是产业化水平低

第一，生产规模小，农户单干，管理水平低，集中联片开发的很

少。第二，品种老化，多年来没有改良，亟待在短期内更新换代。第三，在外界知名度与商品本身的营养价值和特色经济价值不相符，尤其是"特色"和"优质"这两个特点没有突显出来。第四，商品包装没有创意，产品定价没有策略，一贯采用的做法是看外地，学外地，使庆阳特色农产品的价值得不到充分实现。第五，精深加工上科技含量不够，产品上市不能被放在应有的档位上。

### 三、庆阳市特色产业发展的理念

第一，国际化的理念。庆阳特色农产品主要用来出口，满足国际市场的需要，因此产品从种植到消费的各个技术环节和管理环节都要按照国际高端标准运行。第二，系统的理念。庆阳市特色产业体系的构建要以产品为核心，以资产为纽带，以企业为载体，以打造品牌为手段，以政府优惠政策为动力，系统化促进产业体系的建立。第三，跨越的理念。庆阳市特色产业正处在关键的跨越阶段，由单一、分散、低附加值的传统产业向复合型、高技术含量、高附加值的现代产业跨越。第四，提高开放层次的理念。不要盲目认为产品销往外国，有外商参与的企业就达到了开放的目标，只有熟练驾驭国际市场的运行法则，在国际市场的产品销售中始终把握主导地位，才是真正的开放。第五，深化创新内容的理念。特色产业的快速发展需要政策创新、体制创新、模式创新、体系创新等一系列创新作为支撑和保证，而最为关键的是发展观念创新。第六，拓展特色外延的理念。庆阳特色产业的原初优势在于其资源的独特性，然而由于本地生产成本高、生产数量有限、交通不方便等一系列问题，其产业正面临着巨大的挑战，对庆阳特色产业的生态资源、文化资源、技术资源、产业资源等一系列独有资源的拓展开发是保证其产业特色和产业竞争力的关键。

**四、推进特色农产品产业化的政府工程**

（一）制度优化工程

建立庆阳市特色产品研究中心，机构可以挂靠在陇东学院（当地唯一的高等学院）或龙头企业名下，但是经费独立，课题独立，人员和设备可以共享。组织协调性较强的行业协会，及时了解全行业的信息和市场信息。以上规模的特产加工出口企业为核心组建甘肃绿色产品股份有限公司，整合资源与经营，避免恶性竞争，开拓更加广泛的国际市场。

（二）政策导航工程

完善特色产业发展的政府机构体系，设立市场战略研究、政策研究等部门进行政策导航。一要把握重大政策扶植机遇。国家对农业的"多予"政策，最大的"予"就体现在对特色农业和农业基础设施建设的投入上，政府要及时争取项目，推介项目，包装项目，以项目促发展。二要把握市场机遇，从农业结构调整增效、国际市场动态、多年来价格低迷情况和宏观调控力度等多方面，对特色农产品的国内外价格进行预测和指导。三要把握外地特色农产品生产基地和加工出口基地的发展动向，制定政策，积极应对。

（三）特色品牌塑造工程

重点宣传、推介、打造庆阳特产知名品牌，完善名牌评价体系和奖励政策，营造"华夏农耕文化之源""特产出口创汇基地"这一地域品牌，提升庆阳特产在国内外的知名度，对现有的重点品种实施商标战略，政府以补贴的形式支持企业提前注册具有地域特色的商标，对于产品已打出国际市场，但是还没有自主品牌的产品，鼓励其打造品牌。

（四）原产地认证与标准化工程

加强庆阳特色农产品标准化体系建设，制定《庆阳白瓜子生产标准》《庆阳黄花菜生产标准》《庆阳果品生产标准》等，以及高于省标标准、地方特色明显、在特色农产品出口方面起领航作用的《分类别庆阳特色农产品质量标准》，鼓励企业进行 ISO9002 国际认证和绿色食品、有机食品认证。尽快完成规模生产、批量经营的农产品原产地域产品保护以及商标注册，精确其外地无法复制的色泽、外形、营养、功效、工艺和水土环境，形成应有的技术壁垒。

（五）求真务实促发展工程

设立庆阳市特产工作委员会，由市长直接牵头，以市场需求为出发点，整合庆阳土地资源，宜林则林、宜特则特、宜草则草、宜荒则荒，四大原区、台地栽植苹果，河道、洼地种植瓜子，庄前屋后、零散地块种植黄花菜，北部山区种植苜蓿草、养殖肉牛肉羊。另外，利用土地轮作倒茬的需要规划市场需求旺盛、出口前景广阔、价格高的二级特产种植基地：中南部烤烟、大葱、香菇、谷米、豆类、油料，西北部药材、荞麦、宜种小杂粮。不拘形式，合力开发。

（六）技术突破工程

全面落实科技进步目标管理制，推进庆阳特产的品种优化和提高特产的产量，在关键技术上取得突破，以黄花菜为例就面临着：(1) 抗旱、抗涝技术突破，提高产量；(2) 延长花期技术突破，增加采摘量；(3) 手工采摘技术突破，解放大量手工劳动者等技术突破。白瓜子纵向加工的技术突破，杏产品防虫、防旱、增加消费品种等的技术突破。

（七）产业集群建设工程

庆阳特色农产品加工出口企业形成平行扎堆现象，没有形成垂直分工格局。要形成大规模的稳定的生产基地，对出口的原料型的特色农产品进一步进行深度加工，增加产品的附加值，在庆阳建成名副其实的特色农产品加工出口产业集群。这是个堡垒问题，需要制度创新、思想创新、技术创新，还要做艰苦的工作，费艰难的周折，付出艰辛的劳动，同时要制定《庆阳特色农产品加工规范》。由原来我们跟着外商走，变成外商跟着我们走。

（八）文化建设工程

把特色文化建设纳入庆阳市特色产业发展规划。庆阳市是中华文明的发祥地，这里有新旧石器文化、周祖农耕文化、岐黄故里文化、庆阳香包文化、革命老区文化等特色文化，各种文化现象和文化遗珍灿若星辰。2004年，庆阳市被中央电视台评为最具艺术气质的西部名城。建议把特色文化产品和特色农产品系统整合，配套发展，以产业化的形式向世人推出"综合套餐"。考虑把前季的"中国庆阳香包民俗文化艺术节"和后季的"庆阳特色农产品展销会"结合起来，办成世界知名的产品特色鲜明、文化氛围浓厚的节会。

（九）风险保障工程

庆阳土地广阔，特色产品品种多样，质量精优，但是原料产量低，受自然灾害影响大，收成很不稳定，加上价格长期背离价值，农民种植特产的积极性并不高，需要建立庆阳特产基地风险保障基金，保证基地农户的收益。基金可以用从省上要一点、市上拿一点、县上出一点、有业务关系的国内外大企业赞助一点、效益好的年份种植户再凑一点的方式，多方筹集，逐步积累，保证歉收年农户也能有好收入。只有提高基地农产种植特产的积极性，原料基地才能稳步扩大。

## 第三节　庆阳市发展特色经济要有新思路

近年来庆阳人民在发展特色经济，建设小康社会的精神鼓舞下，以特色品种为方向，以传统产地为基地，大力搞特色种植和特色养殖，取得了初步的效果，农民收入有所增加，农村社会稳定，为地方财政开辟了新的财源。但是，总结区内外发展特色经济的经验教训和庆阳市在发展特色经济中遇到的困难，不难发现庆阳在发展特色经济中陷入了几个误区。

**一、庆阳发展特色经济的误区**

（一）在特色产业的选择方向上，考虑资源优势多，考虑市场需求少

受资源比较优势的影响，庆阳农业产业化的推进主要考虑的往往不是市场需求，而是资源的比较优势。即使考虑市场需求，主要考虑的也是当前的市场需求、静态的市场需求和初级农产品的市场需求，很少考虑市场需求的动态变化、竞争者的行为和农产品加工、营销等方面的市场需求。这实质上是一种以产定销的发展思路，在这种思路的影响下，出现了结构调整迈不开步子、同周边市区结构有趋同现象、产业层次低、产品质量差、市场竞争力弱等问题。例如庆阳市为改变出口乏力的局面准备建立八个有特色优势的出口商品基地，以苹果基地为例，庆阳市周边的地市几乎全部建立了较大规模的优质苹果基地，庆阳已有的苹果基地最近几年已经出现了卖果难、农民不愿建果园的局面。

## （二）对特色资源的重视，较多地定位于资源的孤立优势，对资源优势的配合状况关注不够

某些特色资源的存在不是孤立的，而是与特定的自然资源和社会资源相互依存、相互作用、配合存在的，一旦离开了这些特殊的自然资源和社会资源，这种特色资源就不能称其为特色资源，这就更增加了这种特色资源的特色性，而这一点恰恰被庆阳市忽视了。

## （三）对特色资源的品种和数量关注较多，对增加科技含量和提高市场竞争力关注不够

近年来庆阳市各县区对自己的特色种植、养殖品种和数量进行了清查和估计，并帮助和引导农民逐步走上特色种植、养殖之路。但是根据其他地区的经验，主要依靠资源开发导向型的地区，经济增长往往比较慢，这主要是因为科技含量少、产业层次低、产品质量差、市场竞争力弱，因为不同层次的资源比较优势，对应于不同的经济发展水平。

## （四）对特色产品的产品定位、商标注册、品牌认证工作关注不够

产品定位，是经营者所采取的勾画产品形象和所提供价值的行为，意在塑造产品鲜明个性，使目标顾客了解和认识本产品有别于竞争者的特点，它侧重于向顾客传递本产品与众不同的形象。商标是商品的标志，需要在国家商标管理机关登记或注册，并取得专用权。这些工作都是突出产品特色、增加产品附加值、提高产品竞争力、扩大产品市场占有率必不可少的营销手段，而庆阳市尚未把这些工作的开展与特色产品的种植养殖有机结合起来。

## 二、庆阳市发展特色经济要有全新的思路

（一）以市场需求为导向，筛选特色资源，优选特色产业

市场由消费者、购买力和购买欲望三要素组成，消费者人口是构成市场的基本要素。购买力是指消费者支付货币以购买商品或劳务的能力，是构成现实市场的物质基础。购买欲望是指消费者购买商品或劳务的动机、愿望和要求，它是使消费者的潜在购买力转化为现实购买力的必要条件。需求是指对某种具体产品有支付能力的购买欲望。庆阳市有特色鲜明的粮食作物、经济作物、林木、水果、畜牧业、皮毛资源、中药材资源等名优特产，众多的特色资源能否为庆阳人民带来经济效益，使庆阳人民过上小康日子，需要按照以下三个标准去认真筛选、专业论证、成片种植养殖、重点发展：第一，某种特色产品上市有没有现实的市场需求和潜在的市场需求，人们对某种产品的消费在未来若干年受什么理念支配、会达到什么层次，我们的特色产品是否正好迎合了这种理念和层次。第二，这种特色产品能否在我市较大范围内规模种植养殖，没有规模就没有效益，没有前途，即使有特色，也只好舍弃。第三，从发展产业的角度看，这种特色产品在生产、加工和销售等各个环节上能否充分运用现代科技，在市场上有强劲的竞争优势。

（二）把特色自然资源、特色社会资源和特色自然环境作为一个系统来开发和宣传

凡是特色自然资源都不是在"真空"中孤立生长、孤立发展的，而是和特定的自然环境、社会环境共生、共存的。我们如果把某种特色产品"孤立"开来发展，势必走进死胡同。例如，庆阳所产黄花菜，品质居全国之首，是黄花菜精品中的精品，被国家外经贸部命名为

"西北特级金针菜",远销东南亚、日本和欧美。但是庆阳黄花菜有它独特的自然、人文和生长特点:受黄土高原独特的气候、地理、日照、降雨、积温等自然影响,受庆阳人民精耕细作、适时采摘、做饭锅里蒸熏、逐条晾晒等人文传统的影响,同时它产量比较低,受灾害影响比较大,三年中有一个丰收年,一个平收年,一个歉收年。因此庆阳黄花菜在价格上应该是其他产地黄花菜的多倍,在销路上应该是供不应求,在品牌上应该是"酒中茅台""烟中中华",事实上却是成本高昂、价格低廉,全国黄花菜销路好,庆阳黄花菜跟着沾光,全国销路不好,庆阳黄花菜就积压。问题就出在庆阳人把庆阳的黄花菜从庆阳的环境中孤立出来,造成了"抱着金饭碗讨饭吃"的局面。

(三)增加特色资源的科技含量,开发"绿色食品",提高特色产品的市场竞争力

特色产品是特色经济的基础和内核,但是如果盲目地发展特色产品,不融入现代科技,不关注消费理念,不把握消费趋势,特色产品就不会给庆阳人民带来财富和幸福。在现时代就是要在科学技术的指导下把特色资源的开发和"绿色食品"的开发有机结合起来,特色产品才有出路,特色经济才有希望。"绿色食品"生产是21世纪农产品生产消费的方向,它具有环保、消费、市场、价格效益等几个方面的优势。庆阳农业的出路,唯一的选择就是以特色资源为内核,利用庆阳的生态条件优势,大力发展"绿色食品"。只有这样,庆阳的特色农产品才有国际竞争力,才能打破"贸易壁垒",才能使庆阳的农业成为"创汇农业""高效农业"。

庆阳发展"绿色食品"的条件:自然条件良好;主要农牧业区生态环境质量完全符合国家制定的"绿色食品"的质量标准;水质化验

分析结果符合"绿色食品"质量标准、畜禽饮用水质量标准和加工用水质量标准；土壤污染较轻。

庆阳发展特色"绿色食品"的措施：把发展特色"绿色食品"生产作为一项农业工程来抓，领导要高度重视，工作到部门，责任到个人；以特色产品为"龙头"，形成集约化生产基地和精加工企业，把产品做大、做强，形成龙头企业和拳头产品；建立良好的特色农业基地。基地的建立要远离城市、公路、村庄，以避免有害物污染，基地灌溉水要经过检测，符合国家标准；采用现代农作物和畜禽生长调控技术，协调农作物和畜禽生长发展过程与环境、营养和有害生物之间的关系，根据其生长发育规律、特性及生态环境因子，进行科学合理的调控，防止有害生物的危害，提高品质，增加产量。

（四）以产品定位，商标注册为核心做好特色产品的市场策划工作，占领特色产品的战略制高点

在扎实做好前面三项工作的同时，还要在产品的市场营销策略上精心设计、大胆创新，具体要做好以下工作：首先，确定特色产品的目标市场，目标市场是经营者为满足现实或潜在的消费需求而开拓的特定市场。一个好的目标市场要具备以下条件：第一，该市场有一定的购买力；第二，该市场不但有尚未满足的需求，而且有一定的发展潜力；第三，我们有开拓该市场的能力。结合产品的开发，我们进入目标市场的策略包括无差异性目标市场策略、差异性目标市场策略和集中性目标市场策略。其次，积极对特色产品进行商标注册，争取国际"绿色食品"或"有机食品"认证，拿到国际贸易"通行证"。加强对特色农产品国际质量标准的宣传工作，充分利用广播、电视、报纸、刊物等做好绿色食品生产的舆论宣传，让庆阳的农产品走向国际贸易大市场，以此来带

动庆阳农业经济的大发展。最后，采用科学的定价策略，定出与特色产品的内在价值和供求关系相对应的价格，设计恰当的促销组合策略，其基本原则是促销效率最高而促销费用最低，即各种形式的组合相辅相成、补充而不重复、协调而不矛盾。

## 第四节 进一步推进庆阳市特色农产品产业化发展的新思路

庆阳是华夏农耕文化的发源地，这里特色农产品品种繁多，品质优良，闻名遐迩，远销海内外。这里盛产各种优质小杂粮，林木有204个品种，水果有80个品种，牧草有249种，畜禽有87种，野生动植物有169种，有药用植物445种，其中69种列入中国药典，25种列入出口商品，名优特产有苹果、杏子、黄花菜、白瓜子。近年来庆阳市干部和群众吃透市情、抓住特色，以出口为导向大力发展特色农产品产业化成效显著。庆阳被农业部列入黄土高原苹果生产优生带，是全国最大的杏制品加工基地、白瓜子仁加工出口基地和黄花菜生产基地，是国家确定的全国特产白瓜子、黄花菜示范基地。

庆阳市政府长期以来高度重视特色农产品产业化的发展，早在"十五"规划中就把农特产业确定为中长期发展的主导产业，采取了一系列建设性措施，推进特色农产品产业化进程。

"十一五"规划又大胆提出了"大力实施耕地紫花苜蓿、肉绒羊、肉牛、苹果、黄花菜、白瓜子和油葵'六个百万（亩、头）'工程"的规模化种植目标。但在进一步的研究中我们发现庆阳市农村经济的运行特征和庆阳市干部群众头脑中存在的一些落后观念仍严重制约着庆阳市特色农产品产业化的进一步发展，只有解决了这些制度障碍和观念障碍，才能进一步推动庆阳市特色农产品产业化的发展。

**一、农村经济现行的运行特征阻碍了特色农业产业化的发展**

（一）生产规模小

2006年年底，全市农业人口226.05万人，年底实有耕地658.97万亩，户均耕地13.14亩，农业人口人均耕地2.92亩。户均占有耕地4~5块，地块分布极为分散。这种狭小的生产规模阻碍着特色农业产业化的发展。

（二）专业化程度低

每个农户都是独立自主的生产经营单位，受外界干扰和制约的因素较少，生产上表现为小而全，粮菜果都种，猪牛羊都养，工商运建服务等工作也做，这种生产结构难以形成专业化生产。

（三）商品率低

2006年全市农业的商品率为52.92%，较低的商品率使农民收入少，农业积累少，农村经济处于低层次的从小农经济向商品经济的缓慢过渡阶段。

（四）营销水平低

庆阳特产在外界的知名度与商品本身的营养价值和特色经济价值不相符，尤其是"特色"和"优质"这两大特点没有突出出来。商品包装没有创意，产品定价没有策略，"名贵产品"的定位意识没有形成。一贯采用的做法是看外地，学外地，使庆阳特色农产品的价值得不到充分实现。

## （五）科技贡献率低

特色农产品多年来没有改良，品种普遍老化，产量不高，质量退化，急需在短期内更新换代。出口产品精深加工上科技含量不够，产品上市不能放在应有的档位。

## （六）农业投入少

庆阳市由于地方财政困难，对农业的投入非常有限；农民收入多数入不敷出，只能维持简单再生产；国家的投入由于没有大型农业工程的支撑，也只能是杯水车薪。

## （七）劳动力总量过剩、素质不高

以2006年为例，当年全市劳动力126.64万人，乡镇企业就业一部分，劳务输出一部分，还有大量停滞在农村，没有就业门路，富余劳动力约35万人，造成劳动力的浪费，同时在总劳动力中，文盲、半文盲及小学文化程度的占43.23%。劳动力过剩使农业产业化的发展背上了包袱，素质不高又制约了产业化的发展。

## 二、不正确的观念制约了特色农业产业化的发展

（一）"以粮为纲"的传统观念制约着庆阳特色农产品产业化的发展

受千百年来粮食短缺的影响和20世纪六七十年代"以粮为纲"思想的强化宣传，庆阳人民至今仍然认为屯粮胜过攒钱，钱不禁花，有粮可保全家平安，"农民有粮心不慌"的谚语经常挂在口边。受这一观念的影响，庆阳农民重视大田作物（小麦、玉米）的种植和粮食囤积，对特色农产品的种植积极性不是很高。

（二）对"物以稀为贵"的错误理解制约着庆阳农民较大规模地种植特色农产品

部分庆阳农民从狭隘的经验主义出发，坐井观天，朴素地认为特色农产品是口边零食，可有可无。他们不知道庆阳特色农产品品质甲天下，国际市场需求量很大，只有规模种植、规模加工、规模出口，才能产生规模经济效益和名牌扩张效应，没有规模就没有品牌，也就没有效益，"庆阳特色农产品物以多为贵"。

（三）特色农产品的种植不占好田地，不占正茬田地

庆阳农民只在庄前屋后，零散地块和不便于耕作的田边地头种上一些特色农产品，任其自然生长。大块的、肥力好的良田一般不种特产，人们认为那是不务正业，浪费田地。如果有人确实这样做了，正好遇上天灾，歉收，那就成了四邻八乡的笑柄。

（四）优秀人才大量外流，发展特色农产品人才缺乏

庆阳人历来重视发展教育和培养人才，素有"砸锅卖铁供儿女，勒紧裤带办教育"的优良传统。庆阳市的几所重点中学在历年高考中名牌大学录取率、重点大学录取率都很高，学校、地方政府和社会各界对优秀学子都有特殊的奖励措施。但是庆阳优质教育资源培养出来的优秀人才几乎全部外流，庆阳成了为发达地区培养优秀人才的教育基地，本地发展特色农产品的人才缺乏，形成了教育发达人才匮乏的奇特现象，可怕的是至今还没有人认识到这个问题。

（五）庆阳民风淳朴，社会生活的许多方面保留着上古遗风，但是"老年中心，官本位"思想像毒雾一样笼罩在庆阳社会生活的各个方面

近年老年中心思想有所削弱，但是官本位思想有增无减，这种观念严重毒害着庆阳社会生活的各个方面，尤其对庆阳特色农产品产业化的

发展影响很大。受过现代化教育的年轻人一头扎进行政事业单位的官场里，万人竞走"独木桥"，没有研究问题、服务地方、致富一方、成就自我的环境氛围和自立观念，宁可挤破头当个官场上的"范进"，也不愿瞄准庆阳市的产业方向，做出一番受人尊敬的利国、利民、利己的事业。

（六）领导讲话多，具体措施少

在研究中我们发现有的党政领导为发展特产产业化，可以说是不遗余力，开的会多，讲的话多，编辑和下发的文件多，但是可以操作的具体措施少。针对庆阳农民种植积极性不高、科研服务跟不上、市场价格不稳定、企业资金匮乏等非常具体的问题，缺少建设性的帮扶措施。由于措施不具体，服务不到位，落实无依据，无法有效地实现市上领导的战略思路。

**三、克服原有的观念障碍和运行模式，推动庆阳市特色农业产业化的发展**

（一）制度突破，彻底改变"家家十亩地，户户五小块，种啥都由我，就是富不了"的制度现状

在土地经营权不变的前提下，积极探索多种新的制度安排，使特色农产品的种植跨乡连县，形成数百亩、近千亩连片种植的格局。制度突破一要符合当地农民的实际，二要不怕失败，勇于试错。

（二）保障机制突破

庆阳发展特色农产品有20年的历史，但是对种植户没有建立起任何保障措施，这是目前阻碍庆阳市特色农产品业发展的一大障碍。建议设立庆阳市特色农产品风险保障基金，资金可以用向省上要一点、市上

拨一点、各县（区）拿一点、有业务联系的国内外大企业赞助一点、种植户再凑一点等办法筹集，确保种植户在歉收年也能有一个好收入。

（三）观念突破，用工业的思维发展特色产业

坚持"大、高、外、新"的原则，紧紧围绕草畜、果品、瓜菜三大主导产业及特色农产品，发展加工出口龙头企业，使庆阳市农畜土特产品出口基地的建设再上一个层次，逐步和国际市场接轨。把特产流通作为第一位的工作来抓，一是打造名牌，二是健全网络，强化品牌意识，实施品牌战略，打造名优品牌，引导企业做好品牌策划、品牌营销、品牌维护工作，把苹果、黄花菜、白瓜子、杏产品打造成国内外知名品牌。面向市场，引导工商资本、民间资本乃至国际资本进军农业领域，形成多元化的投资格局。对龙头企业实行贷款贴息扶持或通过筹建产业发展基金帮助企业融资。

（四）项目突破

争取国家立项，在庆阳市建立大规模的特色农产品种植基地和加工基地，针对庆阳易旱的特点，对全市土地进行科学规划，川地修建河水灌溉工程，塬区扩建原有的引水上塬工程，增加深井灌溉工程，突破庆阳没有国家农业项目的先例。庆阳三年内铁路、高速公路可完全贯通，建设国家级农业基地项目的条件完全具备。

（五）农民职业教育的突破

随着农业科技含量的逐步增加，新一代科技农民的培养迫在眉睫，尤其是庆阳特色农产品完全满足的是发达国家的市场需求，产品从种植到出口要完全符合进口国的所有检疫、检测质量标准，这就对农民的科普知识和技术技能提出了很高的要求。对农民进行职业教育既是一项深刻的观念突破，又是一项难度很大的工作突破。

## （六）技术突破

把技术创新作为发展特色农产品的一项战略任务来抓，推进庆阳特产的品种优化和提高特产的产量，在关键技术上取得突破。例如，黄花菜就面临抗旱、抗涝技术突破以提高产量、延长花期技术突破以增加采摘量、手工采摘技术突破以减少大量手工劳动者等技术难题。白瓜子纵向加工的技术突破，杏产品防虫、防旱、增加消费品种等的技术突破也亟待解决。

## （七）原产地认证与标准化工程突破

加强庆阳特色农产品标准化体系建设，制定《庆阳白瓜子生产标准》《庆阳黄花菜生产标准》《庆阳果品生产标准》等和高于省标标准、地方特色明显、在特色农产品出口方面起领航作用的《分类别庆阳特色农产品质量标准》，鼓励企业进行 ISO9002 国际认证和绿色食品、有机食品认证。尽快完成规模生产、批量经营的农产品原产地域产品保护以及商标注册，精确其外地无法复制的色泽、外形、营养、功效、工艺和水土环境，形成应有的技术壁垒。

## 第五节　庆阳市发展特色农产品的策略

庆阳市东依子午岭，北靠羊圈山，西接六盘山，四周高而中间低，故有"陇东盆地"之称。大体上可分为北部丘陵沟壑区（黄绵土农业区）、中部黄土高原沟壑区（黑垆土农业区）、东部黄土丘陵区（子午岭林区）三部分，总体上处于我国植物原产中心地之一的黄河流域中部，是黄土高原的主要组成部分，是华夏文明和中华传统农业的发祥地之一。这里有优越的自然条件，有丰富的特色农产品。近年来庆阳人民在西部大开发的精神鼓舞和政策指导下，研究区情，发挥优势，把发展特色农业作为增加庆阳农民收入、振兴庆阳经济的一项基础产业来抓，取得了一定的效果，但也存在一些问题，因此对庆阳市特色农产品的营销策略进行研究是很有必要的。

## 一、庆阳市发展特色农产品的自然条件

首先，庆阳市位于陇东黄土高原，属于典型的自然农业经济区，自然资源丰富，气候温和，日照充足，雨量较丰富。南部川原交错，土地平坦肥沃，北部草原山地绵延百里。全区有耕地 10822 万亩，人均 4.6 亩，并且庆阳人民具有六七千年精耕细作的农业技术和经验。其次，庆阳远离大城市，造成环境污染的工业企业较少，生态环境的污染较工业发达地区轻微。市环保局检测站检测结果表明：我区主要农牧业区生态环境质量完全符合国家制定的生产"绿色食品"的质量标准。再次，本市为雨养农业区，主要依靠自然降水浇灌农田。由于大气和土壤污染较轻，故雨水中所含铅、锡、铜、汞、砷等有害物均在限制标准以下。最后，本区栽培农作物的土壤主要有黑垆土、黄绵土、潮土、新积土、红黏土、水稻土六类，土质优良，通透性和保水保肥性较好，土壤营养较齐全，污染较轻。

## 二、庆阳市特色农产品品种丰富

庆阳市优越的气候条件、环境质量、水质条件和土壤类型，为多种动植物的繁衍生长提供了良好的环境。这里粮食作物共有 163 个品种，盛产各种优质小杂粮。林木有 204 个品种，水果有 80 个品种，牧草有

249 种，畜禽有 87 种，野生动植物有 169 种。由于畜牧业发达，皮毛产量居全省前列。药材共有药用植物 445 种，其中 69 种列入中国药典，25 种列入出口商品。名优特产有苹果、杏子、黄花菜、白瓜子，其中杏子行销吉尔吉斯、白俄罗斯、法国，黄花菜远销东南亚、日本和欧美，白瓜子在日本、韩国、新加坡、美国等国家和地区都有销路，是理想的"绿色食品"。

### 三、庆阳市特色农产品发展存在的问题

第一，生产规模小，停留在粗放式经营阶段，农户单干，管理水平低，有些县乡在特产种植结构布局的调节上不够理想，相对集中连片开发的规模小，有些县乡对特产种植（养殖）的认识不足，服务措施跟不上，使部门和区域间的发展不平衡。第二，品种老化。有些特产多年来没有改良，品种有所老化，亟待在短期内更新换代。第三，在外界知名度太低，与商品本身的营养价值和特色经济价值不相符。第四，商标注册和品牌认证工作滞后，使庆阳的特色农产品在消费者心目中留不下高档、优质、精品的形象，营销范围小。第五，商品包装没有创意，产品定价没有策略。一贯采用的做法是看外地，学外地，永远超不过外地，庆阳特色农产品的价值得不到充分实现。第六，精深加工上科技含量不够，产品上市后不能被放在应有的档位上。第七，销售网络没有建立起来，出口创汇仅限几种商品。

### 四、庆阳市发展特色农产品的策略

(一) 扩大种植面积，产生规模经济效益

县乡两级政府应加强对特色农产品生产经营的宏观调控，优化特色

农产品种植结构,通过政策引导,提供信息服务,按照"一村一品,一乡一类,一县重点发展几大类"的原则促进特产连片种植,力争到2005年建成有规模经济的商品化生产基地,即特色小杂粮100万亩,豆类100万亩,优质苹果面积新增30万亩,达到45万亩,仁用杏种植20万亩,栽植晋枣4万亩,核桃、花椒20万亩,紫花苜蓿新种120万亩,优质烟叶基地面积恢复到30万亩,瓜菜种植面积新增42万亩,扩大到100万亩,优质药材新增20万亩,达到24万亩。

(二)增加科技含量,提高特产的质量,建立质量保证体系,保证特产为"绿色食品"

第一,利用科学技术培育或改良庆阳特产品种,尽快扭转庆阳特产品种老化的局面。第二,按照农业部"绿色食品发展中心"制定的生产AA级或A级绿色食品标准,在种植业中不施或少施有害农药,推广有机肥和生物菌肥,减少化肥污染。第三,市县应建立"绿色食品"环境检测机构,管理机构和质量化验分析评价机构,负责对生产基地实行注册登记制度。对生产环境、生产过程、市场流通等环节全程监控,检验发证,确保其达到"绿色食品""有机食品"的质量标准、技术标准和卫生标准,推行绿色品牌战略。

(三)做好商标注册工作

近几年庆阳人民顺应市场经济发展规律,在商标注册上做了一定的工作,如2000年在省上注册了"陇东牌"绿色系列食品商标,什社小米商标已被国家商标局审定公告,注册商标为"金什社","庆针牌"黄花菜、"凤川"白瓜子等都已有商标,但存在的问题是商标工作做得太粗,今后要把特色鲜明、质量精优、经济潜力大的商品分别登记注册,如华池县的红小豆营养丰富,含淀粉及糖分55.85%,蛋白质

21.44%，脂肪0.58%，纤维素4.65%，矿物质2.19%，以及多种维生素等；宁县粘糜米富含蛋白质、脂肪、碳水化合物和钙、磷、铁以及人体所需的18种氨基酸，具有极高的食用价值，是人体热量补充的极佳食品。这些都是全国少有的名优特产，要抓紧单独注册。

（四）扩大营销宣传

第一，宣传庆阳的特产要和庆阳的自然特色优势结合起来。第二，宣传庆阳的特产要和庆阳的特色历史文化结合起来。庆阳市有悠久的历史，庆城县出土的环江翼龙化石，合水出土的黄河古象化石，为世界瞩目；新旧石器时代各类文化遗址900多处，我国第一块旧石器就是在华池县发现的；秦长城、秦直道、古烽燧等遗迹从全国范围来讲也是为数极少的；汉唐以来的文物古迹更多，还有堪称庆阳"四绝"的皮影、剪纸、陇东道情、民歌。这些特色文化和特色农产品一样都是人类文明的结晶，我们把庆阳的特色农产品和庆阳的特色文化放在一块儿去宣传，可以使外地消费者带着对庆阳历史文化的向往去品尝庆阳的特产，同时在品尝这些特产时体味庆阳的特色文化。第三，要把庆阳的各种特色农产品整合起来，在国际国内主要城市建立促销平台，扩大宣传，这样一可以节省费用，二可以增加各种农产品在宣传上的连带效应，三可以实现各种农产品在品牌上的独立性和营销上的整体性有机结合，为庆阳农产品占领一定的国际市场奠定基础。

（五）产品要拉开档次，价格要有所区别

随着我国经济的进一步发展和城镇居民收入的进一步提高，居民恩格尔系数一定会逐年下降，这势必会引导城镇居民对农产品的消费更趋向于比较消费。我们要按照农产品生长的颗粒饱满程度、加工的精深细程度、包装的精致程度、产后环保安全程度等把特产拉开档次，以适应不同的消费者群对不同档位特色农产品的要求，与此同时价格也要有所区别。

（六）利用两个市场，采取两种策略扩大销售

把庆阳特色农产品全方位打入国际市场，并利用外销产生的效应来带动内销，在销售上采取拉引与推动两种策略扩大销售。拉引策略就是通过制造外国上流社会的消费效应，本国名人消费效应，在社会上形成一种消费庆阳特色农产品就是"绿色消费""保健消费""安全消费"的社会时尚，从而带动庆阳特产的生产和销售。推动策略就是在全国各地建立批发中心和零售网点，通过层层推销的方法扩大销售。

## 第六节 庆阳市发展黄花菜产业的对策

### 一、庆阳市黄花菜产业发展中存在的问题

黄花菜又名金针菜，系多年生草本植物。其食用部分为含苞未放的花蕾，是一种营养价值很高的保健蔬菜。

庆阳市有栽植黄花菜的传统，其独特的地域和自然条件，使这里生产的黄花菜色泽亮黄、肉厚味醇、营养更为丰富，品种居全国同类产品之首，深受国内外消费者的青睐，远销欧美、东南亚，具有较大的市场开发潜力。目前全市栽植的品种有马兰黄花和线黄花，其中以叶宽、根系发达、花蕾长、肉质厚的马兰黄花为主栽品种，占总面积的80%以上。

近年来，庆阳黄花菜产业有了较大的发展，特别是作为全市强农富

民"六个百万"工程之一，得到了政策、资金、技术等方面的大力扶持，其在基地建设、科研开发、龙头企业培育和市场营销等方面都有了长足发展，从而加快了产业化进程，促进了农民增收。但由于理念落后，措施单一，产业链条短，连接不紧密，产业化发展中还存在着一些不容忽视和亟待解决的问题。

（一）营销理念落后，没有制定科学的产品定位策略

长期以来庆阳黄花菜在产品的定位、品牌、包装、价格和销售渠道等环节上受外地普通黄花菜产品的挤压和影响，一直在为别人"作嫁衣"，在价格和消费档次上没有真正体现出庆阳黄花菜的价值。

庆阳黄花菜是庆阳独特的农业生态环境和自然条件的产物，具有不可复制性和不可超越性，也就是说具有产地所决定的在质量上超越同类产品的品质的唯一性。这里年均气温7℃～10℃，年日照时数2250～2600小时，日照百分比为51%～58%，年均降水450～630mm。大气环境质量优于国家制定的生产绿色食品的质量标准。庆阳市为雨养农业区，主要依靠自然降水浇灌农田，雨水中所含铅、铜、汞、砷、锡等有害物质均在限制标准以下，部分灌溉水来自深层地下水，水质化验结果优于或达到国家1～2级标准。栽培黄花菜的土壤主要是黑垆土、黄绵土、新积土、潮土、红黏土、水稻土六大类，土质优良，通透性和保水保肥性较好，土壤营养齐全，污染轻，污染物含量低于国家一级标准。这些独特的在地域分布上具有唯一性的自然条件是庆阳黄花菜优质的生态环境，是庆阳黄花菜扩大影响的绝佳的宣传材料。

（二）黄花菜的特性以及科技水平低、技术落后制约黄花菜产业的发展

从黄花菜的特性来看，首先，黄花菜抵御自然灾害的能力非常低，

在生长期如果雨水过多就会少结花蕾，造成减产，如果干旱少雨，整个花枝就会起蚜虫，数量和质量都会受到大的影响。其次，黄花菜花期过短，整个采摘期只有一个月，采摘需要集中劳动力，如遇连阴雨农户只有全家出动冒雨采摘，如果自家没有烘干设备，厂家又没有及时收购，那就只有任其烂掉，对企业来说原料过分集中，生产时间短。此外，由于采摘技术落后，至今仍然沿用传统的手工采摘，在收获旺季，略有种植规模（例如种两亩地）的家庭天刚蒙蒙亮全家人就起床下地，整天采摘，不敢松懈，稍慢黄花菜就会开花。黄花菜物理形状原始单一，从开始采摘到烹饪成食品都是长条形状，没有改变。黄花菜没有成品食品，其烹饪方法简单原始，只是在炒菜或做汤的时候放一点用来调味增鲜。

（三）栽植分散，未形成基地优势

截至 2006 年年底，庆阳市黄花菜种植面积已达 66.4 万亩，位居全国第一，但是比较分散，其基本特点是不占整块农田，或是分布在庄园周围成圈状种植，或是田间地埂成单列种植，或是邻里地界成单列或双列种植，连片种植面积比例小，与我们所说的产业化还有一定距离，这就造成农民收入少，企业原料紧缺。庆阳市金华特产公司黄花菜干制生产线，日加工能力 400 吨以上，驿马陇源特产有限公司烘干和速冻两条生产线鲜菜日加工能力 100 吨，仅两户龙头企业日需鲜菜就要 500 吨，尽管 2006 年全市黄花菜鲜菜产量已达 20 万吨，但由于分散在八县（区），加之黄花菜易开花的特性，企业从采收、运输到工厂加工，每日集中几吨鲜菜都相当困难。机器不能满负荷生产，闲置率高，农户栽植分散，没有形成基地，原料集中困难，已成为制约庆阳市黄花菜产业发展的一大瓶颈。

（四）农民没有产业化发展意识，导致黄花菜种植面积难以扩大

农民认为一定要保证粮食自给，不可能去粮店买粮；大田作物（小麦、玉米等）防御自然灾害能力强，黄花菜等特产防御自然灾害能力弱；信息不对称，价格波动大，农民受的伤害多；农民认为好田地种粮食才是正业，种植特产是不务正业，糟蹋了土地；身体健康、头脑精明的农村劳动力都到城里工作去了，农村里缺乏农业人才，更缺科技明白人，敢于创新和试错的人才太少；部分农民用朴素的观念和狭隘的经验主义去推理问题：政府鼓励种植，面积必然扩大，价格肯定下跌；无种植大户致富的表率作用。

### 二、庆阳市发展黄花菜产业的对策

（一）树立现代市场营销观念，全方位展开市场运作

一是做好市场定位。庆阳黄花菜的科学定位应该是：黄花菜中的极品，类似于白酒市场的"茅台"和香烟市场的"中华"，其他营销策略都要围绕这个定位全面展开。二是扩大宣传范围，强化宣传力度，充实宣传材料，尤其要突出原产地自然条件的唯一性和不可复制性，要充分利用好2006年已获得国家颁发的黄花菜原产地质量保护证书。三是增加知名度，提高美誉度。尽管近几年企业先后注册了"蓓蕾""华兴""金针"等品牌，但是知名度和美誉度不高，要通过各种渠道、运用各种方式增加庆阳黄花菜的知名度，提高其美誉度。四是突出庆阳黄花菜外表特征上的比较优势：条长，肉厚，色泽黄亮，不含沙砾，味道鲜、醇。按照"国际承认，国家认可，便于操作执行"的原则制定黄花菜生产技术和质量标准，尽快获得国家认可和推广。在生产地和企业设立检测站点，配齐配强检测设备和人员。五是提高龙头企业的市场运作水

平。现在庆阳黄花菜的龙头企业在厂区规模、机器设备数量和加工能力等硬件方面基本达到要求，部分企业达到国际认可、国内领先的水平，但市场运作水平很低，多数企业停留在等原料上门、按预定数量生产的理念上，没有开拓市场、占领市场、扩大市场的观念。在这种观念指导下，原料收购价低，种植面积扩不大，从相对意义上讲，庆阳黄花菜产业呈萎缩趋势。

（二）突破制约庆阳黄花菜发展的八大技术"瓶颈"

第一，抗涝技术突破，提高产量。第二，抗旱技术突破，提高产量。第三，延长开花期技术突破，减少损耗量，增加采摘量。第四，手工采摘技术突破，减少收获旺季所需大量手工劳动者。第五，物理形状技术突破，打破长期不变的单条形状，可以加工成圆形、螺旋形、链形、粉末形等。第六，独立或与其他蔬菜、副食品配合做成成品食品的技术突破。第七，烹饪技术突破，打破现在只在炒菜、做汤时加一点用来调味、增鲜的习惯，增加烹饪用量。第八，向营养品成品、保健品成品甚至西餐辅料渗透的技术突破。

（三）加速基地建设，发挥龙头带动作用

1. 基地建设要远离城区

原有的基地建设多规划在城区周围，这些区域土地肥沃，交通便利，利于鲜菜短时间内收购入库，但实际上城区周围种植得很少，离城越远种植面积渐次增多，原因是城市吸纳劳动力的功能不断增强，离城较近的农民到城里择业比较直接、稳定，因此他们就不会选择种植黄花菜了。就庆阳市城乡布局而言，在离城10千米外或更远的地方建立黄花菜种植基地比较适宜。现在的烘干、速冻设备都集中在城区，可考虑把这些设备分散安置在各个基地，先分散进行初级阶段的处理，再集中进行深层次、多环节的加工。

2. 建立"公司＋基地＋农户"的发展模式，积极发展订单种植

目前很多公司对模式种植、订单农业态度消极，行为被动，怕承担市场风险，怕向农民许愿，怕给农民付钱，认为这些都是政府的职责，企业是营利单位。这实质上体现出企业运作水平低，行为短期化，殊不知决定种植面积的根本因素是农民所得实惠的多少，这是价值规律的基本要求。靠亏农民、富企业的模式发展产业，在理论上和实践上都是行不通的。而远离城区的农民（例如镇原县平泉塬上的农民）对订单种植则充满兴趣，因此只要给农民一个最低保护价格，或者由政府和企业联合给集中种植两亩以上的农户每亩地补贴50~100元，种植规模就会很快发展起来。

3. 扶持种植大户，带动其他农产品共同致富

先有针对性地扶持一部分种植大户，让这些人先富起来，起到表率作用和宣传作用，在物质利益的刺激下，其他农户会纷纷申请加入新模式，之后再和这些农户签订价格合理、互利互惠、风险共担、利益均沾的合同，最终共同致富。

**三、庆阳黄花菜"物以多为贵"**

普通黄花菜的价格受价值规律的作用，围绕价值上下波动，受供求关系的影响，物以稀为贵。庆阳黄花菜长期以来和普通黄花菜没有有效区分，价格大大低于价值，严重违背价值规律，在供求关系上呈现出数量少、价格低的反常现象，从而形成恶性循环：数量少—市场占有率低—产品知名度低—价格低—利润少—企业无力开展市场营销工作—产品知名度低—市场需求少—价格更低。从理论上讲尽管任何产品都有一

定的市场需求量，超过这个界限，价格就会下跌，但对庆阳黄花菜这种稀有佳肴而言，符合经济规律的做法应该是克服技术"瓶颈"和制度缺陷，大力发展种植，研发精深加工，全方位开展市场营销工作，实现符合经济规律和供求关系规律的良性循环：数量多—市场占有率高—产品知名度高—价格高—利润空间大—企业可以展开多种营销策略—产品美誉度高—市场需求多—价格更高。

# 第三章

# 建设庆阳市产业聚集区的对策研究

## 第一节 不发达地区增长极的培植

增长极理论最初由法国经济学家佩鲁（Francois Perrow）提出，后来法国经济学家布代维尔（J. B. B. Boudeville）、美国经济学家赫希曼（A. O. Hischman）分别在不同程度上进一步丰富和发展了这一理论。增长极理论认为，一个国家要实现平衡发展只是一种理想，在现实中是不可能的，经济增长通常是从一个或数个"增长中心"逐渐向其他部门或地区传导。增长极对地区经济增长产生的作用是巨大的，具体表现在：第一，区位经济，是由于从事某几项活动的若干企业或联系紧密的某几项经济活动集中于同一区位而产生的；第二，规模经济，是由于经济活动范围的增大而获得内部的节约；第三，外部经济，是经济活动在某一区域内的集聚往往使一些厂商可以不花成本或少花成本获得某些产品和劳务，从而获得整体收益的增加。

增长极理论提出后，许多国家曾运用这一理论消除落后地区的贫困，促进各地区经济协调发展，其中取得较大成功的国家有巴西和马来西亚。改革开放以来，我国建立经济特区和开放沿海城市的决策，实际上就是增长极理论的运用，我国广大经济不发达地区的开发，也可以运用增长极理论，培植增长极，实施不平衡发展的战略。

### 一、培植增长极的必要性

（一）培植增长极是价值规律的内在要求

价值规律的内容和要求是，商品的价值量是由生产商品的社会必要劳动时间决定的，商品的交换以价值量为基础实行等价交换。单位商品的价值量同劳动生产率成反比例变化，不同商品生产者的劳动生产率不同。不发达地区通过培植工业增长极，在增长中心内部可以提高分工程度，降低管理成本，减少分摊的广告费用和非生产性支出，使边际成本降低，劳动生产率提高。另外，某一专业化生产的多个生产部门集中在同一区域，可以共同培养和利用当地熟练的劳动力，加强企业之间的技术交流和共同承担新产品的开发投资，可以形成较大的原材料外购市场和产品供给市场，从而降低生产成本，压缩单位商品的价值量。

（二）培植增长极是调整经济布局，合理配置资源的客观需要

新中国成立以来国家在广大的经济不发达地区投资建设了一些大中型项目，为这些地区的经济发展做出了巨大贡献，但是这些项目大都布局分散，远离城镇，相互之间经济联系少，与当地经济关联度低，形成一个个的经济"孤岛"，这些孤岛式企业，资源利用率低，资金积累慢，一个个都濒于死亡。竞争的优胜劣汰，促使资源在不同部门和企业之间流动，哪个部门能最有效地利用资源，它就能在竞争中不断发展壮大，资源就向哪里集中。经济增长极中的企业能最大限度地吸纳和利用

相关经济资源,这些资源在此处就能发挥出最大的经济效益和社会效益,从而形成一种"极化效应强—资源利用率高—资源向哪里集中—极化效应更强"的马太效应。以人才资源的市场调节为例,越是经济增长中心,极化效应越强,人才的作用越能得到最充分的发挥,人才的价值能得到最大限度的实现,人才就越向哪里集中。反之,不发达地区缺乏人才,也需要人才,但人才的作用得不到最充分的发挥,无法形成人才聚集区,人才应有的回报得不到实现,人才就招不来、留不住。所以培植增长极是调整布局、分配资源的客观需要。

(三)增长极是创新的基地,创新是产生极化效应的动力

现代经济学中的创新是著名经济学家熊彼特提出的模型,按照熊彼特的观点:"所谓创新就是建立一种新的生产函数,也就是把一种从来没有过的关于生产要素和生产条件的'新组合'引入生产体系。"它包括五种情况:引进新产品;引用新技术即新的生产方法;开辟新市场;控制原材料的新供应来源;实现企业的新组织。增长极是企业创新活动的基地,创新活动不仅使单个企业获得生产效率的提高,而且还很快对相关产业和周边地区产生重要影响。从技术方面看,增长极内的技术创新活动使企业产出增长率和投资回报率大大高于非增长极地区的同类企业,从而引起周围其他地区的学习和效仿;从社会结构方面看,创新使现有社会的组织结构、价值观念、行为方式更容易朝着变革方向转变,使之适应创新结果,并为下一次创新活动奠定基础;从心理方面看,创新强化了增长中心的进取意识,同时推动了周边地区劳动力为改变自己的劣势而努力提高自己的素质。因此增长极是创新的基地,而创新又是产生极化效应的动力。

（四）培植增长极是发展本地经济的立足之本

不发达地区与沿海区域和内地中心城市相比，在经济发展的基础层面和持续发展的动力上有很大差距，具体而言：第一，工业基础薄弱，结构不合理，效益低下，难以形成高投入、高产出的良性循环。第二，国民经济的整体素质不高，对资金、技术、人才的吸引能力和对一些重要资源的加工利用能力低，难以在激烈的市场竞争中较快地形成、增强产业优势和自我发展能力。第三，经济发展与社会进步之间相关度低，劳动力整体素质不高，科学技术、教育、文化、法制、人才引进和培养方面没有形成优势。第四，微观经济单位素质普遍低下，自我发展能力严重不足，亏损面大。产生以上这些困难局面的原因很多，但有一个重要原因就是在较长时期内，结构调整的思路欠完善，特别是没有抓住结构不良的要害，最突出的问题有两个方面：一是缺少带动整体发展的增长极核，二是缺少协调发展的有机联系。前者的主要表现是，全区没有形成市场占有能力强、创利税能力强、带动能力强、自我发展速度快的优势产业，主要是优势强大的工业行业，行业增长极没有真正形成。各产业内部缺少同样优势的工业企业，企业内部缺乏同样优势的开发机构，行业内、企业内的增长极没有形成。不发达地区的市、县缺少工业、科技、文化集中程度较高的辐射中心，区域增长极或空间增长极没有形成。这样从宏观到微观，整个经济体系呈现出一种"缺极少核"的低水平均衡结构特征。后者的表现是，各产业、地区之间互通有无，互为市场，相互协作联合和连带发展的经济技术联系微弱，呈现出松散型、孤立型的结构特征。也就是说不发达地区要有自己的经济增长极或经济增长中心。在分工发达、竞争激烈、发展速度很快的现代社会条件下，一个人、一个企业、一个部门、一个地区都是一定层次的社会职能的承担者，都必须依靠自己的优势占据一定的社会分工地位，自立于充满竞争关系或用竞争关系维系着的社会分工体系之中。无经济增长极或极化效应不强，就会失去立足之地，被分工体系的迅速变化，竞争关系的日益激烈或高强度、快节奏的发展潮流所淘汰，相反如果建立了比较强大的增长中心，并按市场经济的法则运行，就有了兴旺发达的立足之本和支撑其快速全面发展的生命线，国内外不少欠发达地区的迅速崛起，都以成功地实践增长极原则为共同经验。

**二、培植增长极的途径**

（一）以经济规律为依据，找准增长极的空间生长点

在布局上以原有工业相对集中的中心城市、城市群和重点集镇为重点，形成以快速聚集先进生产力为特征的增长极空间生长点，促进企业在这些点上集中生长。其中在这些点上建设一批工业小区，吸引投资、吸引人才，产生集聚效益，带动城镇化建设，尤为重要。

（二）狠抓基础设施建设

首先，要在区内增长极与区内增长极之间、区内增长极与区外增长极之间建成高等级的公路网络，在有条件的地方，积极配合有关部门修建地方性铁路网络，扩建所在地原有民航机场的规模或建新机场。其次，搞好信息网络的建设，充分利用这条"看不见的高速公路"的巨大作用，提供各种经济信息，缩短当地与世界各国和经济发达地区的距离，同时建立人才交流网站，使新建企业与老企业更新所需要的人才能及时到位。最后，扎实做好新建工业小区或工业科技园的开发建设工作，有计划地做好"三通一平"或"七通一平"，切切实实从环境建设等基础性工作上做好"筑巢引凤"的工作。

### （三）发挥传统优势，利用极化效应，打造出一批名优产品

增长极的建立有利于进一步强化不发达地区的特色优势。面面俱到，全面发展难以形成极化特色，在一处或几处下大力气，创造出几个在国内或国际上有名的名牌企业、名优产品、名牌商标，在为本地挣回大量利税的同时，连带宣传相近产品和相关产业，也就是在贫瘠落后的土地上创造出几个特色优势很强的产品，特色含量很高的品牌，打向全国，走出国门，起到内引外联的"先遣团"的作用和扩大战果的"桥头堡"的作用。如果不能开发、生产出一批优质、高档、畅销的产品，并建立相应的名牌商标，增长极就缺乏增长点，因此增长点的培植是增长中心的核心工作。

### （四）新建企业要制定一个较高的起点标准

这个"起点标准"至少要包括以下基本内容：第一，技术装备和生产工艺达到同行业先进水平。第二，产品属于省内、国内空白或有广泛市场需求的新、优、特产品。第三，企业管理水平要达到同行业先进水平，经理（厂长）和"三总师"等主要管理人员具有中级以上专业职称或三年以上管理经验，经过严格考核方能担任管理职务。第四，技术骨干、技术队伍和管理人员要有充分保障，可以胜任以上技术装备、生产工艺和产品档次所需求的工作标准。第五，实行以现代企业制度为核心的新组织体制。实行基本的起点标准，就是要把好增长极企业竞争力这个关口，防止低水平重复建设和脱离市场需求的数量扩张，以便把有限的投资能力集中到高起点、高效益、高盈利、快发展的项目上，建成自我生长能力旺盛的企业和行业，使之具有开拓市场、占领市场、提高盈利水平的竞争优势。

## （五）建立对外开放的经济技术联系，以"外极"带动"内极"

不发达地区培植区内增长极必须与积极参与区外增长极的发展紧密结合起来，既重视"内极"，又重视"外极"，以"外极"来带动"内极"，最大限度地发挥区内区外两种增长极的带动作用，才能更有效地加快区内的优势企业、优势行业、城市密集区的成长和全区经济的发展。

### 三、培植增长极应注意的问题

首先，增长极理论有明显的缺陷，因为积累性因果循环的作用，增长极的出现对周围地区会产生两个方面的影响：一是扩散效应，即通过建立增长极带动周边落后地区经济迅速发展，从而缩小与发达地区的差距；二是回波效应，即出现发达地区越来越发达，不发达地区越来越落后，不平衡越来越突出。我们在培植增长极、强化极化效应的同时，要重视农业的发展和中小企业的作用，使推进型企业与当地自有资源和劳动力紧密联系，努力扩大增长极的扩散效应而缩小回波效应。

其次，增长极推进型企业的培植一定要坚持高起点、高标准、高效益，稳中求快，建一个"亮"一个的方针，坚决防止贪多图快，走项目大上马、资源大破坏、资金大浪费的道路。

最后，经济发展思路的论证要充分、严密，一旦形成战略模型就要持之以恒、同心同德，抓出成效。切忌朝令夕改，一个领导一个思路，一套班子一个搞法，用临时动议来代替"理性向导"和发展战略。

## 第二节　建设西峰产业聚集区的必要性

庆阳市是一个传统农业区，中华人民共和国成立后，特别是实行改革开放以来，经济社会得到较快发展，全市面貌有了很大改观。在工业发展历程中，虽经几十年的不懈努力，基本形成石化、机电、烟草、轻纺、食品、医药、建材等企业群体，但仍未走出传统农业、跛脚经济、财政单一的低谷。目前，辖区内国有企业642户，其中地、县属企业409户，中、省属等其他企业233户。总的特点是起步晚，数量少，规模小，基础差，成长慢，布局分散，厂址孤立，且传统产业比重大，农产品加工能力弱，初级产品多，高技术含量和高附加值的产品少，中、省企业份额大，市、县企业份额小。地方工业普遍存在先天发育不足和后天成长不良的缺陷，发展面临诸多困难和问题。解决这些困难和问题的方法很多，但首要的和核心的战略选择是在西峰建立庆阳市的产业聚集区，然后在产业聚集区的带动下，实现工业强市的目标。

### 一、可以形成庆阳市的经济增长极

增长极理论提出后许多国家曾运用这一理论消除落后地区的贫困，促进各地区经济协调发展。改革开放以来，我国建立经济特区和开放沿海城市的决策，实际上就是增长极理论的应用，今天我们在西峰建立庆阳市的工业聚集区就是应用增长极理论，培植庆阳市的工业增长极，实施不平衡到平衡发展的战略，促进庆阳工业的全面发展。

## 二、可以产生特殊的竞争优势

在激烈的市场竞争中，孤立的中小企业难以获得发展机会，为了生存，利用中小企业聚集形成的企业集群所产生的规模效应，成为中小企业增强竞争力，谋求生存与发展的重要形式。中小企业空间上的聚集形成的企业集群成为中小企业克服规模劣势，获得竞争力的重要途径。增长极对地区经济增长产生的作用是巨大的，具体表现在以下三个方面：第一，区位经济。这是由于从事某几项活动的若干企业或联系紧密的某几项经济活动集中于同一区位而产生的。第二，规模经济。这是由于经济活动范围的增大而获得内部的节约。第三，外部经济。这是指经济活动在某一区域内的集聚往往使一些厂商可以不花成本或少花成本获得某些产品和劳务，从而获得整体收益。这种特殊的生产经营环境，为企业的发展提供了无限的机会。大量生产上比较接近的企业在某一地区的集结，不仅降低投资者进入成本，而且有利于市场信息和相关生产经营知识的传播、扩散，从而推动中小企业集群的升级和竞争力的提高。

中小企业集群内企业的分工协作，企业间通过各种形式有序地结成无形的网络，每个企业完成生产过程的一个或几个环节，实现专业化生产，使整个企业集群组成一个无形的大工厂，只不过无形工厂之间的联系不是通过行政命令，而是通过各种正式和非正式的合同，组织起集群的生产经营。这是一种通过市场契约取代企业内部组织的方式所组织的社会生产。集群内企业的各种正式合同形成正式的经济网络，非正式的各种交易和交流活动形成各种非正式的社会网络。社会网络和经济网络构成了中小企业特殊竞争力的主要来源。

### 三、可以改变传统产业分散孤立的生产方式

庆阳市的工业本来就起步晚、规模小、数量少,所以在布局上就应该适度集中,充分发挥有限厂家的协作效应和竞争效应。但长期以来忽视经济规律的作用,以行政隶属关系和离家较近为布局要旨,使庆阳的工厂形成了比较分散的布局特点。作为孤立的企业,受资本、技术、人才等方面的限制,无力与其他企业竞争,但集群内的企业与此不同,可以通过集群内的网络组织,加强企业间的分工协作,实现生产要素的重新整合,提高生产效率。所以目前庆阳市以项目引进为龙头积极发展中小企业,问题不在于如何扩大单个企业的生产规模,而在于如何克服个别企业生产孤立的局面,改变传统中小企业分散孤立的生产方式,利用中小企业整体的力量,通过企业集群的网络,实现企业间的分工协作,从而带动整个中小企业集群的健康发展。

### 四、可以充分利用西峰现有的产业基础

西峰地处甘肃省东部,董志塬腹地,是庆阳市政治、经济、文化、信息交换、交通中心,辖八乡一镇,总人口31.58万人,总面积996平方千米,境内全年光照充足,雨量充沛,气候适宜。这里历史悠久,市场繁荣,资源丰富,交通发达。古"丝绸之路"穿境而过,明代即有此称,史载为商贾云集,兵家必争之要地。经济作物有蔬菜、苹果、烤烟、药材等,具有地方特色的农副土特产品中,闻名遐迩的什社小米是米中精品,黄花菜、白瓜子、红小豆、干草、麻黄、柴胡等已成为市场上的抢手货。最近发现的西峰油田,初步探明含油面积100平方千米,地质储量2400万吨。凤甜公路纵贯长庆桥—西峰—庆阳,全长153千

米。其中，西峰至庆阳53千米一级公路改建已经完成，西峰到长庆桥60千米高速公路新建工程"十五"期间完成，西峰通合水、镇原的东西走向的公路正在改建过程中。市区街道由10年前的3条增加到42条，总长92.4千米，面积52.45万平方米，城区交通主干网络基本成形，南区"世纪大道"工程已经竣工。城市日供水能力达到2.19万吨，绿化面积达到130.1公顷，绿化覆盖率达到17.1%。以毛纺、烟草、食品、建材、化工机械制造为主的工业体系雏形基本形成。2002年全部工业总产值突破5亿元，乡以上工业增加值突破1.5亿元。2002年和2003年在西峰连续举办了两届"中国·庆阳香包民俗文化艺术节"，尤其是2003年秋季在西峰成功举办了第十五届西部商品交易会，引进资金达114.94亿元（庆阳市），长庆西峰油田"30亿元150万吨工程"正式启动，使西峰在国内外的影响进一步扩大。根据西峰的产业基础和优势条件，可以形成以石油为龙头的石化产业群，以农业（包括农、林、牧、渔业及食品、饲料、中药等加工业）为龙头的绿色产业群，围绕城镇化和农村现代化建设的建材产业群，围绕劳务输出和以庆阳建设对专业人才需要为导向的教育产业群。

**五、发达地区的经济实践证明，产业聚集区是符合经济发展规律的工业布局模式**

1999年的温州，制鞋企业达到5000多家，产值250亿元，市场份额占全国的20%以上；制笔企业150多家，占全国市场份额的1/3；打火机企业260多家，占世界市场的70%；所属柳市镇有低压电器企业1000多家，国内市场占有率1/3。绍兴是全国产量最多、设备最先进、专业市场最大的化纤纺织专业集聚区。宁波鄞县服装企业660多家，从业人员4万人，全国服装企业8强中鄞县占1/4。义乌已成了服装、饰品、针织、印刷包装、文具用品、家具、毛衣、拉链这8个在全国具有很高市场占有率的优势行业。义乌袜业企业年产销规模达40亿元以上，占全国袜业产量的33%，成为全国袜业系列生产基地。该市人口仅1万余人的大陈镇，有服装加工企业500多家，日产服装（衬衫）达50万件。诸暨形成了大唐袜业、店口五金、枫桥袜业、山下湖珍珠、三都贡缎这五大中小企业集群，并形成了在国内具有广泛影响的市场。如山下湖是全国最大的珍珠交易市场，年成交量600吨以上，成交额10亿多元；大唐镇企业集群年产袜子60亿双，大唐袜业城是全国最大的袜子集散地，年成交额60亿元；店口镇的中国南方五金城，是全国最大小五金、汽配生产的集散地，年成交额20多亿元；店口的海亮铜管厂年产值已达13亿元；枫桥的衬衫生产企业集群现在是全世界最著名的几家品牌衬衫定点生产基地。

**六、可以产生规模经济区，降低其他投资者的进入门槛**

随着社会分工的不断深入，企业为了追求利润，增强竞争力，降低生产经营成本，将逐步趋向于在空间上聚集，空间上的聚集和内部分工能够使西峰区形成规模经济区。另外，中小企业空间聚集，市场影响力的形成和各种配套设施的日益完善，可以降低其他企业的进入门槛，因此在产业区投资，能够充分利用企业集群提供的市场以及专业服务，使投资者比在非产业区更有利于克服创业初期的种种困难，投资成功的可能性更高。所以，中小企业集群的存在，能使西峰区形成投资"洼地"，促使更多资本流入，进一步扩大企业集群。

## 第三节　庆阳地区"长—西—庆"经济带的建设

庆阳地委、行署在深入调查研究的基础上，提出了建设"长（庆桥）—西（峰）—庆（阳）"经济带的构想：以凤甜公路为主轴线，以西峰为中心，以宁县长庆桥镇、庆城为两翼，以沿线小城镇为支点的贯通南北、辐射东西的带状经济区，总长153千米，含西峰区全部、庆阳市大部和宁县西塬的6个乡镇。共辖30个乡镇，总人口74.86万人，土地面积3606平方千米。

**一、建设"长—西—庆"经济带的战略意义**

（一）建设"长—西—庆"经济带是促进庆阳经济对接西陇海经济带、融入西安经济圈的重要举措

省委提出把西陇海兰新线甘肃段的开发建设作为21世纪甘肃经济开发建设的"黄金带"，是一个重大的战略决策。长庆桥是古丝绸之路的必经之地，是西出兰州、南下西安、北上银川的交通咽喉。建设"长—西—庆"经济带将有利于壮大西陇海经济带的陇东后方；有利于借助区域中心城市逐步融入西安经济圈，扩大专业性生产与协作，实施产业和产品的梯度转移，增强经济融合力；有利于庆阳物流的南进北出，扩大与银（川）、西（安）的交流与合作；有利于将庆阳这块深处内陆腹地的"死三角"变为"活三角"，最终建成兰州、西安、银川三大中心城市辐射带动的"金三角"。这一举措，是实现庆阳经济超常规跨越式发展的战略选择。

(二）建设"长—西—庆"经济带是庆阳实施开放开发、重点突破战略的重大工程

由于庆阳空间经济结构呈现为典型的二元性特征，即少数相对发达的城市和大面积的落后县域并存，因此，庆阳实施西部大开发只能选择非均衡的发展模式，依托现有中心城市和交通主干线，逐步拓展开发空间，以局部的快速发展带动整体的全面振兴。经济带内30个乡镇占全区乡镇总数的20.5%，经济总量占到全区的54.7%，有21个乡镇进入全区经济势力50强乡镇行列。根据测算，经济带内经济总量每增长1个百分点，将带动全区经济增长0.55个百分点。

（三）建设"长—西—庆"经济带是推进庆阳优势资源集中培植和调整产业结构的迫切需要

"长—西—庆"经济带是庆阳地区的"龙头"，有优越的自然条件和经济基础。长庆桥镇衔接两省（陕、甘）、三区（庆阳、平凉、咸阳），20世纪90年代初设立的经济技术开发区，经过10多年的开发，已初步形成了一定的工业基础。作为庆阳对接西陇海经济带的窗口，长庆桥在经济带的建设中将发挥综合性的交通枢纽、商贸集散和区域性资金、技术、人才流通点的作用；西峰处在董志塬腹地，是全区政治、经济、文化中心；庆城曾是原长庆石油勘探局机关所在地，有比较深厚的企业文化积淀和完备的工业基础设施。发展"长—西—庆"经济带，将会使庆阳现有的生产要素和优势资源得到合理配置和最大限度的开发利用，加速经济结构调整步伐，稳固庆阳的经济基础，带动全区的农业、工业、商贸、流通、旅游、科教、城镇、交通的大发展。

## 二、建设"长—西—庆"经济带的途径

（一）以经济规律为依据，找准经济带内的经济增长点，确定目标定位

在工业布局上以原有工业相对集中的具有相对区域优势的西峰区、长庆桥、庆城为主要经济增长点，以驿马、肖金等沿线重镇为次要经济增长点，在这些点上建设一批工业小区，吸引投资、吸引人才、注重集聚效益，带动城镇化建设。三个重点城镇的目标定位是：长庆桥是庆阳未来第一工业重镇和农特产品集散地及交通运输中心，工业布局上以化工、建材、食品、医药、饮料、汽车修配业为主，并利用自然风光及长庆桥地热资源，发展洗浴保健及度假旅游、娱乐餐饮业。西峰是庆阳的中心"城市"，应充分发挥其作为区域中心、商贸交通中心、科技文化信息中心的作用，与长庆桥、庆城"一线三珠"，起到辐射带动区内六个县城的作用。在产业结构合理化的基础上，构筑包括生产协作、商品流转、资金融通、信息传递、科技开发、文化交流所需要的城乡一体、内外接轨的经济、科技、文化网络。庆城应围绕油田开发配套服务来定位，在大力发展第三产业的同时，可通过延伸石油化工产业链，开发下游产品，并面对油田产能建设，做大做强建筑建材业。

（二）加强交通通信设施建设

首先，尽快完成西峰至庆城一级公路建设，争取长庆桥至庆城高速公路尽早立项，配合西峰油田开发，使铁路延伸到庆城镇或西峰区，在较短时间内完成庆阳机场的扩建改造任务，使"长—西—庆"经济带的交通运输业与西安市连为一体，互动发展，共同提高。其次，搞好信息网络的建设，充分利用这条"看不见的高速公路"的巨大作用，提供各种经济信息，缩短当地与世界各国和经济发达地区的距离，同时建

立人才交流网站，使新建企业与老企业更新所需要的人才能及时到位。

（三）加快城镇建设步伐

西峰区要按照"高标准、现代化、强辐射"的要求，完善城市功能，增强辐射带动能力。庆城是经济带内向西北辐射的重点，要进一步提高城镇承载能力，充分发挥陇东历史文化名城和新兴石油城的带动作用。对于沿经济带的长庆桥、和盛、肖金、驿马、马岭五个重点镇，要加大基础设施建设投入力度，加快发展，进一步提高建设水平。在市镇建设的同时要扎实做好新建工业小区或工业科技园的开发建设工作，有计划地做好"三通一平"或"七通一平"，切切实实从环境建设等基础性工作上做好"筑巢引凤"的工作。

（四）发挥传统优势，利用极化效应，打造出一批名优产品

创建特色品牌的策略主要有：创建自然特色品牌。例如，曹杏制品、金丝蜜枣、环县羊羔肉等；创建工艺特色或配方特色品牌，如马岭黄酒；创建地域文化特色品牌，如旧石器遗址、先周文化遗址、战役遗址等人文景观和旅游景点，庆阳"四绝"等；创建生物品种特色品牌，如西北特级金针菜、绿色食品白瓜子等。

## 第四节 "驿马现象"

**一、"驿马现象"的概念**

驿马镇隶属于甘肃省庆阳市庆城县，地处陇东黄土高原，位于庆阳市最大的一块塬面董志塬腹地，20世纪90年代是甘肃乃至西北地区最

大的白瓜子、黄花菜、杏子等农产品集散地，如今已成为全省有名的农产品加工出口创汇基地。2006年6月底，该镇农副产品加工企业已发展到181户，特别是泰和、宝源、果仁等8家公司已取得自营出口权，其出口额仅白瓜子一项就占全国同类产品出口量的70%以上，初步形成了以民营农副产品加工企业和小城镇建设为支撑，农产品出口创汇，民营企业就地转移剩余劳动力，区域经济快速发展，农民收入显著提高的"驿马模式"，引起了各级政府和学术界的高度关注，被称为"驿马现象"。

从农产品交易市场的繁荣，到民营农副产品加工企业的兴起，再到以绿色农字号特色产业为主的特色经济的逐步壮大，"驿马人"创造出了内陆欠发达地区民营经济快速发展的惊人业绩，探析"驿马现象"，对于西部欠发达地区特色农业产业化的发展很有借鉴意义。

**二、"驿马现象"的特征**

（一）原料、产品"两头"在外，产品在国际市场上美誉度高

驿马农副产品加工出口的原料主要来自内蒙古及东北地区，产品销售市场在国外，产品在国际市场有较高的知名度和美誉度，直接销往英、美等农产品准入条件十分苛刻的西方国家市场，不但站稳了脚跟，而且获得了互惠双赢的良好效益。

（二）品种增多，规模提升，销售顺畅

驿马特色产品呈现出多元化发展态势，推动了特色产业的规模发展。到2007年时，该镇农副产品加工销售已由起初的白瓜子、甘草扩展到油葵、黄花、杏核、杏干、脱水蔬菜等9类32个品种。总投资8031万元的陇源食品公司，年实现销售收入1.32亿元，出口创汇1000

万美元，实现利税 2500 万元以上。宝源果蔬公司年销售收入达 860 万元，实现利税 144 万元。亨阳、果仁两公司已分别完成出口供货值 290 万美元和 410 万美元。

（三）企业布局集中，城镇带动功能增强

在特色产业的带动下，驿马农村城镇化进程明显加快。2002 年以来，该镇累计投资 2.3 亿元，建成百万元以上项目 84 个，从而有效拉动了交通运输、商贸流通、餐饮服务业的发展。目前该镇涌现出的各类民营企业已达 705 户，固定从业人员 5536 人。2005 年全镇企业完成生产总值 2.6 亿元，占全县工业总产值的 60% 以上。年吸纳当地及周边劳动力 6330 多人，年支付劳务费 4300 多万元。2005 年全镇农民人均纯收入提高到 2010 元。同时，也辐射带动了全镇农业产业结构调整和临近白马、赤诚、熊家庙等乡民营经济的发展。该镇农经比例已由 2002 年的 7∶3 调整为 4∶6，其中苹果、黄花菜栽植面积各达 1 万亩以上。临近的白马乡已兴办起同类企业 15 户，与驿马一起成为全县出口创汇工贸区的三大战略区块之一。

### 三、"驿马现象"的原因

（一）驿马收购、加工、销售农副产品起步早，抢占了这一行业的战略先机和战术制高点

驿马自古乃商贾驿站，有"驿马商镇"之称，绝大多数人民群众孕育了商品经济意识，形成了做生意的习惯。21 世纪以来，驿马发挥本地区历史、区位、环境和"能人"优势，抢抓有利时机，从小起步，创办农副产品加工企业，走在了全国同类行业的前列，形成了稳定的原料供应商和成品销售商网络。现在无论是国内用户还是国外客

商，对驿马都有了较深的了解，驿马成了农副产品加工出口的代名词，只要提起白瓜子、黄花菜等生意，客商首先想到的是驿马，认定的是驿马，尽管东北地区和内蒙古是原料的主产区，但没有驿马的知名度高。

（二）大量朴实廉价的农村劳动力，为驿马现象的产生提供了有力的劳动力支持

驿马远离大城市，交通不便，农民外出打工成本高，挣钱难，早期的农副产品初级加工技能要求低，用工量大，有些工序如剥瓜子仁，老弱病（非传染病）残均可胜任；农民就近当工人，既不耽误农活，又挣到了一定的劳务费。与发达地区相比，企业平均每天每人可减少雇工费 15~20 元，降低了企业成本，支持了企业的原始积累。

（三）良性竞争使得特色产业成本降低，质量提高

驿马现有不同类型的农副产品加工企业 100 多家，这些企业相互之间形成了良性的竞争局面，各个企业为了赢得市场，满足客商需求，获得出口供货权，纷纷改进工艺，强化内部管理，降低成本，努力提高产品质量，把产品做细做精，把品种做多，使产品在质量上上档次。

**四、"驿马现象"的本质**

驿马现象的本质是在驿马镇形成了农副产品收购、加工、销售的产业集群。

产业集群理论的最初观点来自 1890 年马歇尔（A. Marshall）在其著名的《经济学原理》（*Principles of Economics*）一书中提出的思想，1990 年美国经济学家皮特（M. porter）在其《国家竞争优势》（*The competitive advartage of nations*）一书中对产业集群理论进行了经典的论

述，阐述了产业集群的概念、特征等基本问题，使集群理论研究进入了一个崭新的发展阶段。

为了促进产业集群的形成和发展，应致力于发展推进型企业和以推进型企业为主导的产业综合体，推进型企业和产业综合体通过技术创新活动，促进和带动区域经济迅速增长。新古典经济学中的创新空间理论认为，技术创新常局限于特定的地区，知识以专业化技术进步为基础，通常表现为高度的空间聚集。此外，这些部门和企业间联系的渠道是创新扩散所必需的知识。新经济增长论强调主导企业的技术创新对产业集群的关键作用。弗里曼（Freeman，1982）和伦德瓦尔（Lundvall，1992）认为，地理集中通过信息交易、知识外溢等方式来支持创新发展。由于地理比邻，因此通过区域内部的交易能获得信息、交流观念和分担成本，从而发挥单独定位所不具备的"集体"优势，同时，各个企业又能保持原有的灵活性和自主性。

大量经验证明，地方产业集群（local industrial clusters）正在推动世界各地经济增长。菲利普·马丁（Philippe Martin，2001）和奥塔维诺（Ottaviano，2001）综合了克鲁格曼（Krugman）新经济地理理论和罗默（Romer）的内生增长理论，建立了经济增长和经济活动空间自我强化模型，证明了区域和经济活动空间集聚是由于降低了创新成本，从而刺激了经济增长。反过来，由于向心力使新企业倾向于选址于该区域，经济增长进一步推动了空间集聚，进一步验证了著名的缪尔达尔的"循环与因果积累理论"。也就是说，企业偏好市场规模较大的地区，而市场的扩大与地区企业数量相关。

国内学者王缉慈结合区域发展和区域研究的现实比较分析国内外典型案例，认为培育区域特色产业，发展专业化产业区是提高区域产业竞争力的关键。徐康宁认为，中国的产业集群与市场供给范围的扩大有关系，一般直接表现为有很强的出口能力，在开放经济条件下，发挥产业聚群的效应，提高产业效率，这对中国提高国际竞争力很有意义。

**五、"驿马现象"面临的挑战**

（一）起步早形成的"高地"优势面临挑战

随着企业的技术进步，设备更新，管理水平的不断提高，管理模式日益现代化，尤其是原料生产区内蒙古、东北地区及港口城市（如天津）同类企业蓬勃兴起，后发优势已经凸显，驿马起步早形成的"高地"优势面临挑战。

（二）劳动力廉价的优势不复存在

农副产品加工业技术构成低，属劳动密集型产业，尤其是白瓜子仁剥皮，全靠双手且对劳动力的文化和技术要求低，现在瓜子仁剥皮，速冻保鲜蔬菜，黄花菜、辣椒、胡萝卜脱水等技术，全部用的是从外国进口的先进设备，行业技术构成提高，向技术密集型和资金密集型产业过渡，对劳动力的需求大大减少，原来那种靠使用廉价劳动力降低产品成本、增强市场竞争力的模式不复存在。

（三）运输成本高

庆阳市至今不通铁路，也没有过境高速公路，距驿马镇最近的火车站在陕西省咸阳市，相距270千米，运输成本高。另外，从东北地区、内蒙古、天津把原料运回驿马，进行一些技术含量并不是很高也没有什么专利性的加工程序，再销往海外，这种模式所增加的费用业外人士都能算得出来。尽管如此，驿马工贸区依然产销两旺，蓬勃发展，这是因为"集群"发挥了作用。

## （四）行业门槛低

任何行业都有门槛，能阻挡其他竞争者进入的门槛就是有效门槛，驿马工贸区的门槛有三个：一是有大量优质廉价的农特产品原料；二是有稳定性强、信任度高、联系紧密、辐射广的营销网络；三是形成了产业集群区，集群区内有较好的合作竞争机制，集群效应已经出现。这三个门槛都是有效门槛，短时期内在其他地理空间再产生一个新的"驿马工贸区"的可能性不大，但是只要有市场需求，只要有利益导向，只要价值规律还在起作用，就会有新的方式或模式加入这一行业中，对驿马工贸区形成挑战，因此说驿马工贸区的行业门槛较低。

## （五）技术上没有突破

目前的农副产品加工产业链短，工业附加值低，白瓜子主要工艺是剥皮、保鲜、包装，黄花菜主要工艺是烘干、保鲜、包装或速冻、保鲜、包装，胡萝卜、辣椒等主要工艺是脱水，产品深加工的技术空间比较大，市场潜力大，但目前尚没有专业的研发机构。

## （六）集群内产业链未形成，企业"扎堆"现象明显，创新能力不足

集群内部企业之间业务关联性和技术关联性不大，缺乏明确的产业分工和产业特色，产业结构趋同严重，难以形成各种能够推动企业有效互动和相互促进的公共机制，多数产品在单一的企业内部完成全部生产工艺，大量小而全的企业在同一个集群中阻碍了产业链的延伸并危及集群自我发展和竞争力的提高。例如，集群内缺乏一系列相关支持产业，像包装设计业、信息咨询业、贸易业、生产基地管理业、外商资信分析业等。产业集群内企业和科研院所及大专院校没有联系或互动机制不健全，缺乏高素质人才，科研力量不足，科研能力弱，

产业配套不完善，集群缺乏后劲，在知识产权保护力度越来越大的发展趋势下，多数企业没有核心技术，大多停留在低水平的往返式生产上，抗风险能力弱。

**六、驿马产业集群的发展对策**

（一）改善交通条件，降低运输成本

庆阳人民盼望多年的高速公路建设和铁路建设已经纳入国家正式规划，西（西峰）—长（长庆桥）—凤（凤口）高速公路已完成前期论证和资金落实，西（西安）—平（平凉）铁路（过境庆阳）已完成前期勘址工作。届时庆阳将加入全国高速公路网络和铁路网络，极大地改善庆阳交通落后、地形偏僻的缺陷，驿马产业集群原料收购和成品出口的运输成本就会降低。

（二）改革科研体制，不断研制出具有自主知识产权的农副产品加工新技术

庆阳科研现在面临的问题是：缺人员，缺资金，缺设备。科研改革要分两步。第一步是创造科研氛围，吸引科研人员，尊重科研人员的人格，提供充分的经费和设备。第二步是建立完善的科研管理体制，让科研人员进入竞争合作的科研状态。如果驿马产业集群长期缺乏具有自主知识产权的专利技术，只进行简单的脱水加工，不出几年驿马产业集群就会萧条、衰败。

（三）推动驿马产业集群的结构升级，由众多同类企业的平行"扎堆"到"垂直"分工

第一，增加相关支持产业，像包装设计业、信息咨询业、贸易业、生产基地管理业，外商资信分析业等。第二，淘汰信誉差、资金少、设

备旧、意识落后的企业。第三，改变产权结构和管理机制，有三种可选思路，一是和国内大专院校及科研机构合作、合股，不断推出新产品，持续占领该行业的鳌头地位。二是以参股、卖股的方式主动加入国际上有名的农副产品经销集团，为企业的换代升级打好基础。三是建立具有约束力的行业协会，稳定原料收购价和成品出口价，如全国白瓜子出口的 70% 就在驿马镇，这个条件完全具备。

（四）拓展思路，因地制宜，积极探索公司与农户互利双赢的基地种植模式，最大限度挖掘本地原料供应潜力

首先，基地建设要远离城区。离城区较近的农民对特产种植不感兴趣，离城 10 千米外或更远建立特产种植基地比较适宜。其次，建立"公司+基地+农户"的发展模式，积极发展订单种植。最后，先有针对性地扶持一部分种植大户，让这些人先富起来，起到表率作用，带动其他农户共同致富。

（五）重视品牌工作，加强营销宣传

庆阳特色农产品品质优良，遐迩闻名，驿马产业集群的农产品长期供不应求，处于卖方市场，随着居民消费水平的不断提高和国际市场竞争压力的加大，名牌产品越来越受到消费者的青睐，一个好的品牌可以提高产品的市场营销，可以提高经营者的经营安全性。驿马产业集群产品品牌的管理要做好两方面的工作：一是品牌定位，如果不给产品一个独特的定位，不管是质量很好的黄花菜、白瓜子还是其他产品，都有可能被淹没在同类商品的汪洋大海之中；二是搞好品牌的培育，包括品牌的名称，品牌的标记，品牌的定位，品牌的宣传、维护等，每一个环节都应当下很大的功夫。驿马产业集群生产的白瓜子、黄花菜等完全可以培育出长期超越同行的知名品牌来。

## (六)打破行政隶属关系，和西峰北区生态园区有效整合

驿马镇在董志塬腹地，西峰区正北方向，相距13千米，西峰区北部是旱作农业示范区和生态环保工业区，这里有九龙春酒业集团、陇香源酒业集团、康寿制药厂、西峰制药厂、药材集散市场和各种果酱罐头加工厂，更有大量的宾馆、饭店、健身娱乐设施。如果打破行政隶属关系，把驿马产业区和西峰北区生态工业区连成一片，完全按照城市的标准统一规划，以现有的基础设施为基础，提升后建基础设施的档次，增加互补性，减少重复性，将会极大地改变驿马产业区的城市建设环境，提升驿马产业聚集区的竞争力，到时南起西峰，北到驿马建成长达13千米的绿色特色产品加工出口贸易区，以现代地级城市的优势来支持驿马产业聚集区的发展。

## (七)加强环境保护，产业区和原料基地绝不允许污染工业介入

庆阳市是长庆油田的主产区，油田开发对当地生态环境造成了损害，近年随着西峰油田的大规模开发，污染区域有进一步扩大的趋势。从地域布局上看，污染区主要集中在北部的山区和河道，中南部五县绝大部分区域的河流、空气、土壤没有受到大的污染，基本符合"绿色标准"中的"绿色食品产地生态环境标准"。目前庆阳市必须抓紧制定本市的环境保护法规，划定水源保护区，绿色生态农业保护区，特色农产品加工保护区，保护区附近坚决不许污染工业靠近，保护区外对"三废"的排放，要用法律武器严格监管，迫使油田企业用高科技处理"三废"，用高投入回收"三废"，给庆阳人民发展"绿色农业"留一片蓝天净土，为驿马产业集群可持续发展做好环境安全保证。

## 第五节　产业升级与政府政策的选择

20世纪我国农业产业化大致经历了三个发展阶段：从80年代初期到90年代初，是农业产业化的创业阶段，以开发农业经济增长点为主；90年代是农业产业化的成熟阶段，特点是以调整经济结构为主，增加经济效益好的产业的比重；从2000年开始我国农业产业化进入整体提升阶段，以国际市场为目标，以出口创汇为手段，以全面提高国内农业产业化水平为目的。在这一阶段我们面临产业升级与政府政策选择的双重压力，产业升级需要政府政策的优化选择，政府政策的优化选择利于进一步推进产业升级。现以甘肃省庆阳市驿马特色农产品加工出口贸易园区为例，对园区产业升级与政府政策选择的有关问题做些探讨。

### 一、贸易园区的发展现状

（一）贸易园区的发展条件

一是庆阳特色农产品在改革开放前就按计划渠道调拨，特产质量久负盛名；二是驿马自古乃商贾驿站，有"驿马商镇"之称，20世纪80年代这里率先兴起了农副产品交易之风，农副产品集散地的作用凸显；三是驿马收购、加工、销售农特产品起步较早，走在了同行业的前面；四是驿马贸易园区加工的产品销往英国、美国、日本等23个发达国家和地区，产品符合国际市场的需求，质量和品种受到外商追捧；五是地方政府制定了许多有利于贸易园区发展的经济政策。

## (二) 贸易园区的建设基础

目前贸易园区大约有 2 万平方千米，远期规划建设面积（2006—2020 年）8.2 平方千米。到 2005 年年底，园区共有各种农产品加工企业 802 家，从业人员 8124 人。在这 802 家企业当中，注册资本在 50 万元以上的企业有 105 户，建设规模过 1000 万元的有 9 户。这些企业中，专门从事农业的有 50 户，有自营进出口权的企业 11 户，其中 3A 级 2 户，2A 级 9 户。全部加工企业投资和基础设施建设总投资 4 亿多元。

## (三) 贸易园区的竞争力

2005 年该贸易园区加工白瓜子、油葵、黄花菜、果脯、果酱、脱水蔬菜等各类特色农产品共 15 万吨，产值达到 3.3 亿元，工业增加值为 9256 万元，实现销售收入 2.8 亿元，其中，出口供货值 2.1 亿元，出口创汇 2600 多万美元，在全国同类产品加工出口量中占 70%。整个园区上缴税金 289 万元，支付各类企业就业人员的劳务费和运输费等 5800 多万元，园区就业人员人均年收入达到 7000 多元。2006 年 1—7 月份，园区企业总产值达到 2.34 亿元，企业增加值为 6525 万元，实现利税 2142 万元。根据对 16 户主要企业的调查统计来看，1—7 月份共加工各种农产品 19344 吨，出口供货值达到 15701 万元，出口创汇 1404 万美元。

### 二、贸易园区产业升级的必要性

贸易园区只有尽快完成产业升级才能积极应对挑战，最终战胜园区目前面临的各种困难，进一步把更高质量的特色农产品销往世界各地，满足世界各地人民对高档精品特色农产品的消费需求，继续带动庆阳市经济发展，深化庆阳市经济结构调整，不断提高庆阳农民的收入水平。

（一）可以提高园区的行业门槛，增加园区企业的竞争力

随着卫生标准的国际化，加工程序的规范化，注册商标的专利化，园区企业会在一个更高的国际化企业平台上发展，提高了行业门槛，使后起的特色农产品加工企业只有加盟的可能，没有竞争的条件，从而继续保持园区旺盛的生命力。

（二）可以继续改善当地农民的收入结构，促进农民收入的增长

从2000年到2005年，驿马镇的总产值由14379万元增加到37989万元，增长164.2%；三产从业人员由12426人增加到16520人，增长32.9%；农民人均纯收入由1485元增加到2075元，增长39.7%。从2000年到2005年，驿马镇农民纯收入中来自第一产业的收入由730元增加到747元，增加了2.3%，而来自第二产业的收入由310元增加到768元，增加了147.7%，来自第三产业的收入由445元增加到560元，增加了25.8%，第二产业的收入成为三大产业收入中最高的。调查中发现，驿马镇的总产值占全县的比重接近10%。农民收入在三大产业中的比重全县第一产业高达66%，而驿马镇为36%；第二产业全县为27%，其中二、三产业的合计收入为1328元。

（三）可以强化当地农民现金收入结构的调整力度，加快城市化进程

农村住户现金收入结构分析。驿马镇农民的收入在三产业结构中不仅相对数是最高的，而且绝对数也是最高的。现以庆城县农村住户人均的现金收入情况为例说明这个问题。从2001年到2005年，庆城县的农村住户抽样调查的人均现金收入由1276元增加到1810元，增加了

41.84%，其中，所占比重最大的部分是工资性收入和家庭经营性收入，两项的总计由1113元增加到1596元，增加了30.26%。由于在全县农村抽样调查的工资性收入当中，包括劳动收入和其他非企业性收入，两项共计600~700元。所以，按照全县口径统计的工资性和经营性收入合计的收入实际上只有600~800元的水平。而驿马镇农民的人均非农产业收入已经由2001年的928元增加到2005年的1328元，增加了43.1%，明显高于全县的平均水平。

（四）市委市政府提出的"六个百万"工程可以顺利实现

2005年庆阳市对特色产业基地进行了调研整理，坚定了发展方向，制定了"六个百万"的发展目标，即积极发展特色优势产业，大力实施耕地紫花苜蓿、肉牛、肉绒羊、苹果、黄花菜、白瓜子和油葵"六个百万（亩、头）"工程。如果驿马园区完不成产业升级，驿马特色农产品不能在国际市场继续独领风骚，园区企业在5年内就会衰退和消亡。政府提出的"六个百万"工程因没有产业带动会自然流产，庆阳人民经过多年努力培育起来的强势产业增长点也会化为乌有。

### 三、推进产业升级的政策选择

（一）政策服务

政策服务包括两个方面。一是对原来已有的政策在新形势下进行梳理修改，继续发挥政策支持的强大作用，例如，前些年先后制定实施的《关于进一步改善投资环境、加快对外开放的意见》《关于大力发展外向型经济，进一步加强外贸出口创汇工作的意见》《庆阳市出口创汇重点保护企业管理办法》《庆阳市招商引资优惠政策》《庆阳市招商项目督察报告的规定》《庆阳市招商引资奖励办法》《庆阳市招商项目优质服务的规定》等文件，有些已经过时，有些和国家新制定的宏观政策不相协调，在新条件下发挥不了政策服务的作用，需要重新研究增删；二是不利于产业升级的政策漏洞，需要及时增补，例如园区发展定位，发展目标、公司政策、资本政策、融资政策、外贸政策等方面的漏洞。

（二）工作服务

对出口创汇重点企业，实行挂牌保护，避免由于政府机构重叠和职权不清给企业带来的各种干扰。这一条尽管是权宜之计，但在实际中却很管用。在企业与外国的反倾销官方调查中服务企业；在企业国内外公开招标中服务企业；在外贸出口企业开展卫生检测体系认证和质量管理体系认证中服务企业；在办理自营出口证、出口企业卫生注册证、出口退税、异地投资备案、电子通关等相关手续上服务企业；在与国外商务机构和国内职能监督机构的协调上服务企业。

（三）融资服务

加大财政资金投入比重，争取国家扶持政策和资金，设立甘肃省政府特色产业发展专项基金。为银行与庆阳特色企业、农户之间提供可行的融资中介平台，为特色产品出口提供信用保险，探索资源融资的途径和手段。建设特色产业投资的"绿色通道"，公开投资政策和项目收费标准，营造良好的地方投资环境，吸引民间资本、工商资本、外商资本等各类社会资金。

（四）技术服务

全面落实科技进步目标管理制，推进庆阳特产的品种优化和提高特产的产量，以产业扶持政策支持企业的科技投入，建立庆阳市特色产品研究中心，机构可以挂靠在陇东学院（当地唯一的高等学院）或龙头企业，但是经费独立、课题独立，人员和设备可以共享；设立专项基金支持科研，依靠技术和品牌提升产业的核心竞争力。以技术入股政策鼓励外商投资特产的种植、收购、加工、运输、包装、营销及相关产业等各个环节，借力发展。抓好技术引进、实验示范和知识产权保护工作，加强与科研机构合作，鼓励国内外专业人才以项目合作方式为庆阳特产产业化服务。

（五）文化服务

文化具有积淀时间长、传播范围广、穿透力强等特点，把庆阳的特色文化和庆阳工业园区出产的特色农产品有机地整合在一起全方位推广是政府为企业服务大有可为的一个方面。这里有新旧石器文化、周祖农耕文化、岐黄故里文化、庆阳香包文化、革命老区文化等特色文化，各种文化现象和文化遗产灿若星辰。2004年，在中央电视台和央视国际网络共同组织的西部名城评选活动中，庆阳市从170多座参评城市中脱颖而出，被评为最具艺术气质的西部名城。建议把特色文化产品和特色农产品系统整合，配套发展，以产业化的形式向世人推出综合套餐。建立特色产品传媒机构和网络，鼓励各类文化促进组织，考虑把前季的"中国庆阳香包民俗文化艺术节"和后季的"庆阳特色农产品展销会"结合起来，办成世界知名的产品特色鲜明、文化氛围浓厚的节会。

（六）品牌服务

加快品牌的营造和带动，重点宣传、推介、打造庆阳特产知名品牌，完善名牌评价体系和奖励政策，力争培育销售收入上10亿元的特产品牌。营造"华夏农耕文化之源""特产出口创汇基地"的地域品牌，扩大庆阳特产在国内外的知名度，对现有的重点品种实施商标战略，政府以补贴的形式支持企业提前注册具有地域特色的商标，或产品已打出国际市场，但是还没有自主品牌的产品。

（七）风险保障服务

驿马贸易园区原料基地建设的任务十分艰巨，如若没有大面积的、稳定的原料基地，驿马贸易园就会变成无源之水。庆阳土地广阔，特产品种丰富，质量精优，但是原料产量低，自然灾害多，收成很不稳定，加上价格背离价值，农民种植特产的积极性并不高，因此迫切需要建立庆阳特产基地风险保障基金，保证基地农户的收益。基金可以采取从省上要一点、市上拿一点、县上出一点、有业务关系的国内外大企业赞助一点、效益好的年份种植户再凑一点的方式，多方筹集，逐步积累，保证歉收年农户有个好收入，原料基地才能稳步扩大。

# 第四章

# 培育庆阳市本土企业的对策研究

## 第一节 经济不发达地区企业竞争策略

关于经济不发达地区企业的发展,除了国家要通过财政、信贷、税收、价格等杠杆的调节和推动,逐步改善这些企业发展的外部宏观因素外,经济不发达地区的企业也要充分认识自身的劣势和优点,选择和运用恰当的、积极的、有创造性的竞争策略来扬长避短,化劣势为优势,转不利为有利。

经济不发达地区企业宜采取的市场竞争策略主要有以下几点。

**一、"活"字当头,灵活善变,以活立业,以变取利**

市场是千变万化的,影响市场营销的各种因素,尤其是环境因素常常是不易确定的,而已有的各种市场营销策略,尽管在理论上融合东西,既成体系,但具体策略的应用者必须以变应变,适时、适地、适事地灵活应用这些策略。如要求产品价廉本来是大多数消费者所追求的,但也有不少的消费者为了抬高自己的身价和炫耀自身的形象，专门寻求价高商品，在此种情况下，若把价格定低了，反倒卖不出去。

## 二、吃透"理论"，解放思想，率先改革，抢政策之先机

国家每一项改革措施的出台和推广都是在借鉴国外先进经验、总结国内试点经验和教训的基础上提出来的。落后地区的企业长期以来形成了要拨款、靠国家、等政策的思维习惯，而发达地区恰恰相反，积极探索，大胆尝试，"抢政策之先机"，为全国范围内的改革举措提供经验，丰富内容。等来的政策往往是滞后的，带来的效益和爆发出来的活力大受影响，前瞻性政策在初期有艰难险阻，并带有风险，但爆发出来的能量和带来的活力是加倍的。近十多年来，不少企业就是靠这条策略走出了困境，这不是一条普通竞争策略，而是一条创造性的竞争策略。例如，济南市纺织行业1996年8月率先实行职工内退、资金扶持、企业重组、房地产开发等措施。其结果是工业产值，销售收入，出口创汇全面增长，全行业实现了扭亏为盈。其实邓小平同志早就指出："改革开放的胆子要大一些，敢于试验，不能像小脚女人一样，看准了的，就大胆地试，大胆地闯……"

## 三、以开发求活力，以创新图生存

落后地区企业更要锐意进取，不断创新。开发创新策略包括三个内容：一是产品开发。不仅要开发出品种新、工艺新、款式新、设计新的"四新"产品，更重要的是结合本地人文、自然、资源等特点开发出"特色"产品和投资小、效益高、转向快的"奇巧"产品等。二是市场开发。市场开发既是一门严密细致的科学，又是一项灵活多变的艺术，

不发达地区企业不但要开发本地区不同层次的市场，更要开发发达地区，甚至国外的广阔市场。发达地区有科技、资金、经济区域优势，不发达地区也有传统特色、区域地理优势。消费心理是不断变化的，消费倾向不断有回归循环之趋势，尤其是多元化、个性化消费心理的逐步成熟，不发达地区的市场开发更有其广阔的前景。三是人才开发和技术开发。人才和技术是企业发展的龙头，俗语云："千军易得，一将难求"，"一窍不得，少挣几百"。一般人才和基本技术要靠当地培养和发掘，特殊人才和关键技术主要是靠引进。引进技术和人才不要小手小脚，瞻前顾后，要舍得本钱，且要建立一套稳定有效、极富吸引力的机制和政策，而不能把人才开发当作短期之计。

### 四、以观念取胜，以精神夺人

不循规蹈矩，不故步自封，不沾沾自喜于已有的成绩而止步不前。落后企业若能观念更新，精神领先，上下一心，同荣共辱，小胜不骄傲，困难不气馁，一定能振兴企业。

### 五、靠优势取胜

任何企业都有比较优势，优势就是企业的实力，实力的表现是多方面的，竞争总是在各种因素的优劣较量中进行和发展的，这就要求企业充分认识自己的实力，努力强化实力，做到知己知彼，并在认真研究和预测市场各方面因素的基础上，制定出一套与自身实力相适应的市场竞争策略。

### 六、靠商品优质，价格低廉，服务周到取胜

优质、低廉、服务周到是多数处于困境中的企业容易采用的一种竞

争策略，但有些企业略有起色或尚未走出企业发展的低谷，便求利心切，出现品质下降、服务马虎的现象，从而很快被市场淘汰。商品的质量、价格和服务是成千上万消费者在市场上决定的，企业为顾客着想多少，市场便给企业回报多少，这是一条市场经济的法则。

**七、靠笃诚的信誉取胜**

信誉是竞争的立足点，是开拓市场并长久占领市场的重要条件。信誉的建立不是一蹴而就的，而是要长时期地对合同负责，对产品负责，对广告负责，对消费者负责，其建立要经得起时间的考验，并要付出相当的代价。任何一个有远见的并想长久立足于市场的企业都必须付出这种代价。

**八、靠速度、靠信息、靠联合、靠分解取胜**

速度就是要快、准、适时。快，就是要先人而想，先人而为，先人而至。及时创新产品，快速生产，及时投放市场，快速供应，抢时间，争速度。准，就是要看准时机适时而产，适需而供。适时就是来得早不如来得巧，产品上市和各种综合策略的运用要把握时机，恰到好处，事半而功倍。信息是企业的生命，市场经济就是信息经济，落后地区企业资金难筹，设备难引，更应该在信息上下功夫，建立一套信息收集、加工、整理的完善系统，才能做到知己知彼，不失时机。其他方面的落后可以通过优势互补去弥补。

在竞争中走向联合是企业的发展方向，联合可以集优势之和互补不足，可以创造新的生产力，可以克服整体实力不足，是我国企业制度改革的方向。但在联合的大趋势中不要忘了分解，联合可以创造效益，分解也可以创造效益，究竟是联合好，还是分解好，要依据客观经济条件而定。

总之，经济不发达地区的企业一定要吃透自己的具体情况，找出比较优势，确定恰当的竞争策略和角度，巧干加实干，才能在激烈的市场竞争中占有一席之地。

## 第二节　经济不发达地区企业产品市场定位策略

经过几十年的改革开放和现代化建设，经济不发达地区的经济、社会、科技的协调发展取得了显著成绩，但由于历史原因和经济发展的内在规律性等原因，这些区域与沿海区域和内地中心城市相比，在经济发展的基础层面和持续发展的动力上有很大差距，具体讲：第一，生态环境持续恶化；第二，开放度低，开拓区外市场，引进区外资源的能力不足；第三，有些大问题短期内尚难根本解决，如基础设施、科技、教育、文化落后，投入严重不足，思想观念陈旧，贫困地区和贫困人口大量存在；第四，城市化水平低，经济、社会发展缺乏强有力的带动和辐射中心；第五，经济内部协调性差，效益普遍低下，各产业之间关联度低。以上社会基础层面的发育不良，对工业生产的直接影响是：第一，有些地区带动当地工业发展的"增长极核"尚未形成，行业极化特征不明显，新兴工业行业极少，现代高新技术行业尚属空白；第二，工业产品开发和产品质量状况难以适应市场竞争的要求，以往的情况是上一个项目，亏一笔资金，换一批领导，再上一个项目，再亏一笔资金，再换一批领导，恶性循环，苦苦挣扎，走不出困境；第三，工业发展水平低，经济效益差，难以形成支撑快速发展的良性循环。

　　经济不发达地区经济的发展除了国家和地方政府加强基础设施建设，改善科学、教育、文化、卫生事业的条件，改善生态环境外，当地企业的振兴和发展是当地经济繁荣、生产力发展、人民生活水平改善的决定性因素，这就要求不发达地区的企业要以现代市场营销理论为指导，以建立现代企业制度为动力，结合企业实际和市场环境，制定科学可行的产品市场定位策略。市场定位，是企业所采取的勾画自身形象及所提供价值的行为，意在塑造企业鲜明个性，使目标市场上的顾客了解和认识本企业有别于竞争者的特征。"市场定位必然涉及产品定位，它们实际上是从不同角度来认识同一事物。市场定位强调的是与竞争者相比较，本企业能为顾客提供哪些特殊价值，产品定位侧重于向顾客传递本企业产品与众不同的形象。因此，市场定位与产品定位这两个概念经常交替使用。"市场定位首先要明确本企业与竞争者相比较有哪些竞争优势，为此应了解目标市场上的顾客需要什么，这些需要是否得到满足，满足的程度如何，自己能为目标顾客做些什么。其次要从潜在的竞争优势中选择出真正有开发价值的竞争优势。最后要在市场上展示自己的竞争优势。企业可以从多种角度来进行定位，以形成自己的竞争优势，主要有以下几个方面：第一，根据使用者定位。即将产品指向某一类消费者，根据这些消费者的看法塑造恰当的形象。第二，根据竞争状况定位。即以竞争产品的定位为参照，突出强调人无我有，人有我优。第三，根据提供给顾客的利益定位。第四，根据产品的用途定位。第五，根据产品的属性定位。

　　经济不发达地区的企业由于受本地社会发育水平低、经济内部协调性差等外部原因和企业自身条件的制约，从国外直接移植进来的产品定位策略起不到应有的具体的指导作用,因而要探讨一些适合不发达地区企业的产品定位策略。

## 一、避实就虚定位策略

避免与强有力的竞争对手直接对抗,将自己定位于竞争对手尚未涉足的市场部分,开拓新的市场领域。

(一)"你打你的,我打我的"的定位策略

在市场选择和产品定位上充分研究消费者的社会文化因素、社会阶层、相关群体、个人因素、心理因素和信念态度的多种差别,开辟自己的市场目标,树立自己的产品形象,不要与同类产品抢市场。

(二)"让开大路,战领两厢"的定位策略

很多有势力的企业首先占领大城市市场,并在国外建立自己的桥头堡。我们的企业就把产品定位在中小城市和县城、乡镇的市场上,虽然无法取得名牌效应,但可以薄利多销,最终利润不一定比其他企业少。

(三)"上山下乡,遍地开花"的定位策略

我国是一个历史悠久、地大物博、多山多水、地形复杂、物产各异、区域文化特色显著、方言土语多样的国家,尤其是广大的经济不发达地区确实是十里不同俗,只要我们的企业面向山区人民,面向边远地区的人民,开发出能够满足他们生活、生产需要且价格合理的产品,并辅之以有效的营销手段,一定能在边远地区和山区消费者中树立起产品形象、企业声誉,并能产生文化亲和力。

## 二、迎强定位策略

选择在市场上占据支配地位的强有力的竞争对手与之"对着干"。

在目标顾客的选择、为顾客提供的利益以及所采取的营销方式等方面，都与竞争对手相同或相似。

（一）"任你十路来，我只一路去"的定位策略

这种迎强定位并不是对竞争对手的所有产品大类和产品项目展开正面竞争，而是集中企业所有的人力和物力，只开发一个或几个产品，只服务特定的顾客群，形成我方在局部方面的绝对优势，先在一项产品的推广或一个市场的占领上击败对手，夺取局部优势。

（二）"巧搭便车，兄贵弟荣"的定位策略

市场上已经形成的名牌产品和名牌企业，它们的产品和服务已经在消费者心目中建立起了良好的声誉，并产生了信赖感，对这种状况我方企业不能强碰硬攻，而要采取巧搭便车的策略，借一点光，分一点羹，使我方产品和服务能很快在市场上站稳脚跟。例如，在饮料市场上，百事可乐就是选择了和可口可乐的这种迎强定位，"你是可乐，我也是可乐"，与可口可乐进行正面对抗。甘肃凉州皇台酒厂搭贵州茅台酒的"便车"，推出甘肃皇台酒，你是"茅台"，我是"皇台"，"南有茅台，北有皇台"称兄道弟，借光发展，达到了"兄贵弟荣"、各树形象、各有市场的定位效果。

（三）竞争合作，平分秋色的定位策略

即把企业的竞争者或潜在竞争者，由竞争关系变成合作关系。利用现代市场信息和企业制度，利用我方的资源优势、地理优势或其他特色优势，吸引对方的资金优势、技术优势、人才优势进行或兼并或合作或参股的改组，使企业关系由竞争变成合作，平分秋色，各取利润，由竞争达到同一的定位策略。

### 三、开拓空白市场的定位策略

在纷繁复杂的市场上有些消费者对有些商品的消费处于"零消费状态"。因此不发达地区的企业应该寻找空白市场,开发适宜产品,树立企业形象,并对这些顾客群体的消费活动进行引导启发,从而占领市场。

### 四、"见缝插针"的市场定位策略

即专门研究强势产品的不足和短处,寻找缝隙,开发新的目标市场,制定相应的营销策略。已有的强势产品在市场上一般存在以下短处:其一,对目标市场上主要顾客群的转移反应迟钝;其二,对原有消费者对产品的新需求反应迟钝;其三,对原有营销方式中存在的问题反应迟钝。

### 五、角度微调的市场定位策略

不发达地区的企业要与历史悠久、实力雄厚、声誉极佳的企业生产同类或相似产品,面对相同的消费者群,微调产品的角度,突出产品在某一方面的特点,生产出符合当地人口味或偏好的产品或服务项目,然后全力以赴,改进工艺,突出微调角度,形成另一种独特形象,吸引顾客。

### 六、典型经营的产品市场定位策略

广大的经济不发达地区,由于经济落后,消费习惯落后,人们的思想观念也相对滞后。如果我们的企业以某一个或几个县级城市或乡镇为典型市场，以某项产品或服务的使用为龙头，既能销售产品，推广服务，又能促进本地的市场发育程度，影响一大片，带动一大片，建立企业的市场根据地，连带经营其他相关商品，这也是一种市场定位策略。

## 第三节　庆阳市招商引资工作调查研究

**一、"十二五"庆阳市招商引资工作回顾**

（一）"十二五"招商引资工作取得的主要成绩

"十二五"期间，我市招商引资工作紧紧围绕建设国家级大型能源化工基地和全省重要的经济增长极战略目标，全力打造石油石化、煤炭生产转化"两个千亿级"产业链，全面落实"5433"工作方法（"五个招商""四最四低"发展环境，"三心"投资氛围和"三个一"包抓责任制），深入实施"引强入庆"工程，全力推动招商引资项目落地实施，取得了显著成效。全市共实施500万元以上招商引资项目955个，累计完成到位资金1782.01亿元，资金到位率45.6%，实际到位资金比"十一五"净增长8倍多，以平均每年56.2%的速度递增，呈现出"三增多，两优化，一提速"的新态势，即招引的产业链项目明显增多，资源类项目明显增多，3个"500强"企业投资项目明显增多，招商平台逐步优化、产业结构逐步优化、项目落地实施全面提速，招商引资工作为我市经济社会转型跨越发展做出了较大贡献。

## （二）"十二五"庆阳市招商引资工作的主要特点

### 1. 招商引资规模不断扩大

"十二五"期间，实施亿元以上招商引资项目136个。"世界500强""中国500强""民营500强"企业项目投资逐年增多，华能、华电、大唐等大型央企已在我市投资兴业；成功引进了中煤集团、山西晋煤集团、河南金星啤酒、北京贝特琳、深圳蓝光集团、中盛生物科技等知名民企来庆投资。引进落实的招商引资项目与"十一五"相比质量明显提高，商流项目、工业项目、农产品深加工项目、集约化养殖项目投资比例不断增加，投资规模不断增大，质量不断提升。

### 2. 招商引资项目论证充实

通过认真研究国家产业政策和投资导向，瞄准国内外客商投资热点，筛选了一批符合产业政策、有市场前景、辐射带动力强的招商项目，使招商引资项目每年都论证一批、储备一批、推介一批、引进一批。更新的新项目每年保证80个以上，投资总额都在1000亿元以上，保证推介有新项目、洽谈对接有好项目，切实增强了项目的实效性与成功率。

### 3. 产业结构渐趋合理

在到位资金总量中，工业和农业产业化类项目逐渐呈现增多趋势，逐步改变了往年房地产及商贸项目占主流的局面。引进的陇东汽车城、镇原中盛生物科技、宁县大型煤炭综合物流园、环县风电场建设等一批科技含量高、辐射带动能力强的大项目正在不断丰富和优化我市的产业结构，呈现出了产业多元化、投资多样化、发展多极化的良好势头。

### 4. 节会招商引资成果显著

坚持"走出去、请进来"战略，广泛宣传推介我市的特色资源、优势产业。"十二五"期间，我市在重大节会暨五届兰洽会上共签约招商引资合同项目215个，签约总额达到2234.52亿元。

5. 招商引资环境不断优化

2012年，市委、市政府制定出台了《庆阳市招商引资优惠政策》，各县、区也相继完善出台了各自的招商引资优惠办法，从政策上给投资者以支持和倾斜。严格落实责任追究、限时办结、"十全承诺"、跟踪服务等制度，进一步简化了办事程序，提高了工作效率，全力营造了投资环境"洼地"和服务"高地"。

（三）"十二五"庆阳市招商引资工作的主要做法

1. 领导重视，机制健全，措施到位

"十二五"期间，市委、市政府将招商引资列为各级党政一把手工程、市上"十大工程"和"3341"项目工程，纳入目标管理综合考核。先后多次召开会议，专题研究招商引资工作，主要领导亲自抓，分管领导具体抓，市经济合作局牵头抓，县、区招商部门配合抓，建立了招商引资联席机制和县区、园区同台监管机制，制定出台了《进一步加强招商引资工作的实施意见》，多管齐下推进招商引资工作。成立了市、县区招商引资重大项目落地办公室，全面推行和落实招商引资重点项目责任包抓、重大项目盯守办理、"兰洽会"项目全程服务等制度，实行单项考核、重奖重罚，充分调动各级各部门参与招商引资的积极性，保障和推动了工作的有效开展。

2. 走出去，请进来，多招商，招大商

立体招引、精确招商是我市"十二五"期间招商引资的突出特点。市上主要领导和分管领导率先带头工作，先后多次赴东南沿海地区与华润新能源控股有限公司、金正大生态工程股份有限公司、正威集团、红星美凯龙集团、晋煤集团等500强企业和广东商会达成40多个意向合作项目；市经合局，各县区委、政府采取主要领导带头招商、小分队定点招商、以商招商的方式主动走出去，热情请进来北京贝特琳、深圳蓝光、山东坤隆、陕西衍河、延安中盛等50多家企业集团相继落户庆阳。引进实施了合水东—宁县北煤田开发、宁南物流园建设、现代高端服务业家居综合体、甘肃中盛农牧有限公司建设等一批投资规模大、开发档次高、带动能力强的重点项目，成为全市招商引资到位资金大幅增长的重要支撑点。据统计，在引进实施的项目中，亿元以上项目141个，10亿元以上项目23个，50亿元以上项目8个，投资主体属于"500强企业"的17个。

3. 编制园区规划，划分功能领域，建立产业集群

"十二五"期间，在市委、市政府"一区四园、一线八域"发展战略驱动下，西峰、长庆桥、驿马、西川4个工业集中区和西峰民俗文化产业园，突出精细化工、装备制造、农副产品深加工、文化旅游等功能领域，修编园区规划，创新招商模式——走出去，引进来。先后赴西安、内蒙古、北京、天津、广东、福建等地考察招商11批次，引进实施了年产50万吨生物有机肥生产、矿用设备生产、荞麦及土特产精深加工等一批优势产业项目，投资总额28.5亿元，完成到位资金17.19亿元，资金到位率60.32%，形成了新型工业聚集发展效应，推动了优势特色产业集约集群发展，为全市经济转型升级注入了新的活力。

4. 落实招商措施，兑现招商承诺

"十二五"期间，我市各级各部门全面落实优势资源招商、优惠政策招商、人文环境招商、高效服务招商、良好法治环境招商"五个招商"措施，认真兑现招商引资承诺，为项目申报、审批开辟"绿色通

道"。对引进的重点项目和"兰洽会"项目，由市、县区落地办牵头跟进，靠前服务，按照"一名责任领导，一套推进方案，一个工作班子"的"三个一"包抓要求，及时协助解决水电、交通、拆迁和资金等问题。对外来客商热情周到服务，认真推介庆阳和产业项目，着力改变"服务不到位，建设有干扰，发展障碍多"等现象，形成了投资放心、发展舒心、收获开心的良好环境，吸引了中交集团、华岁控股集团、新疆广汇集团、内蒙古满世集团等一大批知名企业前来我市考察投资。

**二、"十三五"招商引资的指导思想，规划依据，目标任务**

（一）指导思想

以邓小平理论和"三个代表"重要思想为指导，以十八大和十八届三中、四中全会精神为指针，深入贯彻落实科学发展观，坚定不移地实施西部大开发战略，进一步解放思想，扩大对外开放，开拓创新。紧紧围绕建设国家级大型能源化工基地和全省重要的经济增长极战略目标，以项目建设为中心，全力打造石油石化，煤炭生产转化"两个千亿级"产业链，努力适应经济新常态下的招商引资工作，广泛开展经济合作活动，加大招商引资力度，增强招商引资的动力和活力。坚持理念创新、方式创新、政策创新、服务创新的"四新"新思路，深化招大引强、招新引高、招才引智及招金引银的"四引"新模式，不断强化引领指导、经济合作、信息交流、高效服务、协调对接和督查考核职能。积极开展多层次合作、宽领域招商、全方位对接、进一步促进招商引资提质增效，强化产业链招商、精准招商、重点区域招商、重大项目招商，积极吸引国内外资金、技术、人才落户庆阳，促使"十三五"期间招商引资工作再上新台阶，为全市经济社会全面发展做出积极贡献。

## （二）规划依据

油煤气储量丰富，全境适宜种植中药材，文化资源、生态资源丰富是庆阳市的资源禀赋条件。近年新引进的企业有中石油、中石化、中国华能、中国铝业、中国大唐、中煤集团、中国电力投资集团、山西晋煤集团、江苏雨润、北京贝特琳、深圳蓝光集团、上海红星美凯龙等央企和知名民企。刘园子、核桃峪、马福川、毛家川、宁县新庄煤矿建设进展顺利，"黑色资源"开发形势喜人。环县风电场、西峰润玉食品、天富亿现代农业生态观光园、新区城市综合体、陇东新世纪商业广场、庆城百强铝业、伊佳博新型建材、庆城长荣机械制造、贝尔石油机械设备制造、陇东汽车城、镇原中盛生物科技、蓝马啤酒、新景名苑、宁县天运彩钢、德邦包装材料有限公司、大型煤炭综合物流园、华池南梁红色旅游小镇等招商引资企业带动了一批产业的发展，为进一步招商引资积累了经验，夯实了基础。

另外，还制订颁发了《鄂尔多斯盆地（甘肃省庆阳市）能源开发总体规划》《甘肃省煤化工产业发展总体规划》《庆阳市能源化工产业发展规划纲要（2008—2015年）》《庆阳市国民经济和社会发展第十二个五年规划纲要》《庆阳市旅游业发展总体规划》《庆阳市石油化工产业发展指导意见》《庆阳市煤化工产业发展指导意见》《国务院办公厅关于进一步支持甘肃经济社会发展的若干意见》（国发办〔2010〕29号）、《陕甘宁革命老区振兴规划》《关中—天水经济区发展规划》《陇东能源基地开发规划》《关于深入实施西部大开发战略的若干意见》（2010年6月）、《西部地区鼓励类产业目录》等相关法律法规，为招商引资工作提供了有力支持。

## （三）目标任务

"十三五"期间，全市招商引资工作要贯彻落实经济社会发展的战略部署，主动适应经济形势新常态。依托向西开放战略和丝绸之路经济带建设的深入推进，紧紧围绕打造石油石化、煤电化冶材"两个千亿级"产业链，中药材种植加工基地、特色农产品产业化基地、文化旅游基地和生态旅游基地四个中心，不断强化引领指导、经济合作、信息交流、高效服务、协调对接和督查考核职能，积极实施"引强入庆"战略，只要方向对头，措施到位，引资规模一定会超过预期。此后五年，庆阳市招商引资到位资金总量将达到4773亿元，即在2015年预计完成到位资金710亿元的基础上，2016年招商引资到位资金达到781亿元，到2020年，全市预计实现招商引资到位资金1145亿元，占全市固定资产投资50%以上，新引进"500强"企业10户，落户规模以上招商项目900个，不断增强"东翼"核心区域性城市的吸引力、承载力和辐射带动力。

## 三、庆阳市招商引资环境条件的优势劣势分析

### （一）优势分析

1. 历史文化底蕴深厚，特色民俗丰富多彩，红色遗址遍布全市

庆阳曾出土古生物化石晚侏罗纪的环江翼龙、更新世的黄河古象，中国第一块"旧石器"就出土于庆阳市华池县，这里是华夏始祖轩辕黄帝部落的发祥地之一、儒家思想的发源地，远在20万年以前，人类就在这里繁衍生息。7000多年前周先祖曾在此兴业，就有了早期农耕。据《史记》记载，人文始祖轩辕黄帝曾在此与中医鼻祖岐伯论医，才有《黄帝内经》行世，"岐黄故里"由此得名。历史上庆阳一直是汉族

农耕文化与北方少数民族游牧文化交汇融合的地区，各民族文化的大融合造就了庆阳独特的黄土风情文化，在这里留下了印有多民族烙印的婚葬文化、自然崇拜文化、节令时岁文化、源自上古"陶复陶穴"时代的民居文化、多姿多彩的饮食文化，以及带有周文化遗韵和浓郁农耕民俗文化韵味的香包、刺绣、剪纸、皮影戏等民间艺术文化。另外，秦长城、秦直道、北石窟、政平塔、双塔寺、大顺城等古代军事、宗教的建筑遗迹遍布全市，馆藏历史文物种类和数量在全省占有重要位置。

庆阳是陕甘宁边区的重要组成部分，是甘肃省唯一的革命老区，也是西北红军的摇篮。习仲勋、刘志丹等老一辈无产阶级革命家在这里建立了西北第一个苏维埃政权——南梁政府。以南梁为中心的陕甘宁革命根据地是党中央和中央红军长征的落脚点，抗日战争的出发点，同时也是第二次国内革命战争后期全国"硕果仅存"的西北革命根据地的中心。作为极具特色的"两点一存"红色革命老区，庆阳现有重要红色革命遗址、遗迹共60多处，其中华池的南梁苏维埃政府旧址红色旅游区于2004年被列为全国百个红色旅游经典景区之一，现在是全国著名的爱国主义教育基地和党政干部学习培训基地。

2. 石油、煤炭等矿产资源储量丰富，开发潜力巨大

庆阳市石油、煤炭、天然气等矿产资源储量丰富，具有种类多、储量大、组合好、位置适中等优点，在全国占有重要的地位。境内油气资源总量48亿吨，占鄂尔多斯盆地总资源量的37.8%。已探明石油地质储量20亿吨，中石油长庆油田、中石化华北油田在庆阳市勘探开发，现已开发超过5个超级亿吨大油田，累计生产原油5860万吨。按照资源总量、采收率25%计算，石油服务年限可达85年；煤炭预测储量2360亿吨，占甘肃预测储量的97%，随着勘察程度的不断提高，预测

未来5年左右庆阳市新增煤炭查明储量可达115.2亿吨；按照规划煤炭储量及未来5年左右查明煤炭储量计算，庆阳地区煤炭服务年限可达146年。天然气总量1.51万亿立方米，开采潜力可达15.16万亿立方米，煤层气预测量1.4亿立方米，占鄂尔多斯盆地煤层气总资源量的30%。规划实施的千亿元石油石化，千亿元煤炭生产转化，十亿立方米煤层气开发，百亿立方米天然气综合利用的全产业链、全循环链、全价值链的四大产业集群项目已经全面启动，这使得石油石化产业、煤炭化工产业、天然气产业成为庆阳市的支柱产业和主导产业。

3. 原始森林面积广阔，特色农产品基本走上产业化发展道路

子午岭是桥山山脉的一条支脉，它介于泾河与洛河两大水系之间，在庆阳市境内，横跨正宁、宁县、合水、华池四县，南北长207千米，林木覆盖总面积497平方千米，约占全市总面积的19%。这里不仅有优美的高原林海风光，还有悠久灿烂的历史文化遗存和丰富的动植物资源。林区内生长着银杏、紫斑牡丹等数十种国家珍稀植物，松树、柏树、桦树等200多种用材和经济林木，栖息着豹、狍鹿、灵猫、黑鹳等150多种野生动物，林缘区葫芦河流域的川台地，小溪涟漪、稻田如镜，宛若江南水乡。

庆阳市是甘肃省优质农畜产品生产基地，属于传统的农业生产区，农作物质量好，盛产小麦、玉米、油料、荞麦、小米、燕麦、黄豆等作物，尤以特色小杂粮久负盛名，红富士苹果、曹杏、黄柑桃、金枣和早胜牛、环县滩羊、陇东黑山羊、羊毛绒等大宗优质农畜产品享誉国内外。

这里地处全国苹果生产最佳纬度区，已被农业部列入西北黄土高原苹果生产优势带，目前苹果总面积151.68万亩，生产苹果54.37万吨，产值23.73亿元，农民人均苹果纯收入718.46元，占农民人均纯收入

的 13.1%，已初步建成了 9 个万亩连片果带，形成了以董志塬、永和塬、屯字塬、盘克塬、宫河塬为主的 5 个优质红富士苹果生产基地。

庆阳市是中医药之乡，全境适合于中药材生长，产有甘草、黄芪、麻黄、穿地龙、柴胡等 300 多种中草药，其中 69 种已列入《中华人民共和国药典》，小型中草药饮片企业有几十家。

这里还是全国有名的杏制品加工基地和白瓜子仁加工出口基地，是全国品质最优、发展面积广阔的黄花菜基地和国家特产经济开发中心确定的全国特产白瓜子、黄花菜示范基地，是国家林业局命名的"中国杏乡"。

庆阳市驿马镇是西北五省著名的农副产品集散中心，被誉为陇东农副产品贸易的"旱码头"，是庆阳市五大农产品加工业集中区之一。

（二）劣势分析

1. 历史文化没有产生经济效益，民俗产品知名度低，旅游景点分散

庆阳悠久的历史文化没有产生应有的经济效益。香包刺绣、道情皮影等民俗产品在本省和相邻几个省具有一定的知名度，但由于缺乏塑造强势品牌的观念，产品没有强有力的卖点支持，从产品开发到终端销售的营销操作过程平庸，导致品牌知名度低，国内和国际市场不够广阔。

庆阳旅游业有景点无景区，有一些旅游资源非常珍贵，价值较高，但始终没有建成像陕西黄陵景区、临潼兵马俑景区、北京长城景区、延安红色景区等这样的世界级或国家级的旅游景区作为引领。红色旅游景点原址都是窑洞建筑，经过几十年的风蚀、雨淋，好多已塌陷、损毁，旧貌不再。一些很有价值的文物和历史遗存，早已运出庆阳境外，出土原址已非原貌，如环江翼龙化石、黄河古象化石、华池出土的旧石器，

都在首都国家级专业博物馆内珍藏，游客到庆阳看不到这些历史遗迹，庆阳历史的厚重感无从体现。

2. 能源资源开发利用难度较大，交通运输不便

庆阳市境内的煤炭资源地质埋藏深，在 800 米到 1000 米之间，勘探开发技术要求高，全部需要井工开采，无露天开采条件，开发难度和成本较大。石油资源虽然分布较广，但地质构造较复杂，开采难度大，地面沟壑纵横、地表起伏，不利于设施建设，石油开采对土壤和水质污染较大。煤炭、石油、天然气加工冶炼项目属于国家战略，受国家政策限制，技术要求高，审批程序多、审批时间长。

庆阳的地理位置处于陕、甘、宁三省交会处的三角地带，形似陆地半岛，北有广袤无边的毛乌素沙漠，与隆起的羊圈山形成"北阻"大沙漠，东有子午岭山脉所环绕，西北被六盘山山脉所隔阻，形成北高南低的"死三角"，只有一条经过长庆桥的过境铁路，东南方向一条主干道公路蜿蜒通向陕西关中，这极大地降低了庆阳市招商引资的吸引力。

3. 水资源短缺

庆阳市属于资源型缺水、工程型缺水、水质型缺水三种情况并存的缺水地区。随着区域人口的增长、工农业经济的发展、石油煤炭资源的开发，庆阳市需水量增加的速度加快。全市 2015 年、2020 年、2030 年需水量分别为 36084.66 万立方米、48985.23 万立方米、68397.41 万立方米；在现状供水能力下分别缺水 8529.66 万立方米、21430.23 万立方米、40842.41 万立方米；在水资源最大利用量下 2015 年前总体上不缺水，2020 年、2030 年分别缺水 3589.23 万立方米、23001.41 万立方米。可见，庆阳市水资源供给不足，供需矛盾日益突出。庆阳市水资源承载能力的制约因素有水资源总量短缺，污染严重；地表水资源利用率低，

地下水超采严重；河流含沙量大，水土流失严重；节水机制不健全，水资源浪费严重。尤其是资源型缺水使得庆阳水资源问题显现，油田开发导致的水质性缺水，使得这一问题更加凸显。

（三）机遇分析

1. 民俗产业稳步发展，旅游产业前景广阔

庆阳香包分为时尚生活挂件系列，特色民俗大件系列，精品工艺中、小件系列等生产类型。目前，市场上以开发中、小挂件和岐黄养生保健品系列为主，备受消费者青睐。刺绣以四屏、屏风、绣花拖鞋、枕垫为主，剪纸以红色革命题材、传统节令文化题材、民间故事题材为主，皮影以道情戏剧题材、红色革命文化题材、周祖农耕文化题材为主体，呈现特色显著，共同开发，相互映射的新格局。

经过多年的精心培育和大力开发，特别是自2002年连续13年中国庆阳香包民俗文化节和自2009年以来中国（庆阳）农耕文化节的成功举办，全市香包民俗文化产业生产队伍不断壮大，产业效益日趋明显。目前，全市已形成了110多家企业、39个基地、86个营销公司、15万多人的香包和陇绣生产大军，产品达20多个大类5000多个品种，年生产900多万件，远销全国56个大中城市，以及美国、日本、欧盟、东南亚等20多个国家和地区，年销售收入3亿元。

随着社会经济的快速发展和人民生活水平的提高，我国旅游业进入高速增长阶段，人们对旅游的需求也呈持续增加的态势。庆阳目前除了正在大力开发南梁革命纪念馆景区、山城堡战役纪念园、周祖陵森林公园等观光旅游产品外，窑洞民居、农家乐、中医养生馆等度假旅游产品也已建成。此外，让游客在亲身体验、亲自参与中学习艰苦奋斗的长征精神的新长征文化体验园也正在规划中。

### 2. 油、煤、气产业基础初步形成

庆阳市在石油和煤炭的开发利用方面已经有了一定的产业基础。庆阳市的七县一区内都有煤炭和石油等矿产资源,其中初步建成的沙井子矿区和宁正矿区为最大矿区,随着这些矿区建成投产,陇东地区有望成为中国西北新的能源基地。目前,当地正逐步形成一次、二次能源开发并举,油、煤、电、气等各类能源共同发展的新格局——深度链式开发石油、煤炭、天然气、煤层气四种资源,全力建设西峰、正宁、长庆桥、沿环江四大工业集中区,大力发展石油化工、煤电、煤化工、精细化工、建材五大产业,努力建设千万吨原油生产、千万吨炼化、亿吨级大型煤炭生产、千万千瓦装机煤电、千万吨煤化工生产,以及10亿立方天然气、煤层气和120亿立方煤制气六大基地。

### 3. "再造一个子午岭"的绿色产业建设顺利推进

党的十八大把生态文明建设纳入经济建设、政治建设、文化建设、社会建设"五位一体"总体布局之中,充分昭示了党和国家加强生态文明建设的坚强意志和坚定决心。为了全面贯彻落实党的十八大精神和省委、省政府的决策部署,立足庆阳生态环境脆弱的实际情况,庆阳市提出以"再造一个子午岭"和固沟保塬两大工程为总抓手、加快生态文明建设的战略部署。"再造一个子午岭"工程,就是充分利用广阔的宜林荒山每年造林100万亩,力争7年时间再造一个绿荫似海、绿潮涌动、绿魂永驻的"子午岭",让庆阳的山川绿起来、群众富起来。在目标任务上,通过7年的持续努力,到2020年完成700万亩造林任务,森林覆盖率提高9.8个百分点,达到国家级生态市创建标准;苗林产业预期收入达到700亿元左右,农民人均收入3万多元,实现经济、生态效益双赢。在政策扶持上,每年列支2000万元以奖代补支持宜林荒山

林木种苗产业培育，撬动社会资金投身苗林产业发展。在机制创新上，全面落实经营主体对林木种苗的所有权、处置权和收益权，激发广大群众和社会团体发展苗林产业的积极性。在培育模式上，积极推广林业项目融资培育、招商引资租赁承包培育、专业合作社集中培育、农民自主经营培育等多种模式，实现苗林产业发展多轮驱动。"再造一个子午岭"和固沟保塬两大工程是顺应自然规律，实现绿色崛起，推动转型升级的适时之举和长远之策，既是对当代资源开发的有力支撑，又是为子孙后代留下一个巨大的"绿色银行"。

**四、"十三五"招商引资的重点引资领域、重点引资对象和重点引资区域布局**

（一）重点引资领域

1. 能源产业

一是要大力发展能源勘探、采钻工作；二是要做大做强能源化工战略产业；三是要用足用好油、煤、气三大资源，推动庆阳由能源大市向经济强市转型。

庆阳正在着力实施石油石化、煤炭生产转化两个"千亿元产业链项目"，这两个项目不仅是"全产业链"项目，也是"全循环链""全价值链"项目。石油石化千亿元产业链项目是庆阳最具优势、已成规模、贡献最大的核心项目。在原油产量以每年150万吨的速度递增的基础上，庆阳市加快推进中石油庆阳石化600万吨/年升级改造，超前谋划并启动实施1000万吨/年炼油升级改造工程，并将乙烯链式转化、丙烯链式转化、碳四链式转化、苯链式转化4种模式作为石化后续产业引进资金发展的重点，逐步实现原油生产全部就地转化。

煤炭生产转化千亿元产业链项目是庆阳建设大型能源化工基地的重要支撑，计划引资3000亿元，建设5大矿区、18座煤矿、7座燃煤电厂、5条煤化工产业链以及冶金、建材等配套产业项目。通过煤转电、煤化工转化、煤冶材转化三条路径建设以煤炭为基础、电力为支撑、化工冶材为主导的特色循环产业集群。目前，已引进13家大型能源开发企业挺进庆阳，全市总产能3860万吨的8个矿井已全面启动建设，一系列煤转电、煤化工引资项目前景广阔。十亿立方米煤层气开发项目，百亿立方米天然气综合利用项目都是投资前景广阔，投资效益良好的引资项目。

2. 红色旅游产业

红色旅游是把红色人文景观和绿色自然景观结合起来，把革命传统教育与促进旅游产业发展结合起来的一种新型的主题旅游形式。其打造的红色旅游线路和经典景区，既可以观光赏景，也可以了解革命历史，增长革命斗争知识，学习革命斗争精神，培育新的时代精神，并使之成为一种文化。一是要引入资金抢救、保护这些历史遗存，把它们包装、建设成旅游景区，开发旅游产品，设计旅游线路，创新旅游服务，宣传弘扬红色文化；二是要有选择地恢复新建一部分红色革命旧址，建成红色景区；三是对意义重大，故事性强，已经损毁的革命遗迹考虑异地新建，建设一个大规模的陇东革命遗迹博览园，把发生在陇东的重大革命历史事件连接起来，用历史旧址和历史事件凸显陇东地区"两点一存"的重要地位。

3. 绿化苗木产业

庆阳针对当地北部半农半牧区、中部特困区、子午岭林缘区、深度插花贫困村"四大片区"的不同特点，在农业经济结构调整中逐渐实现"五变"。通过草食畜牧业、有机蔬菜种植、苹果基地建设、苗林、非农产业，使当地农民"变"牧民、"变"果农、"变"菜农、"变"林农、"变"市民。

横跨陕甘两省的子午岭林区，在庆阳市境内有700多万亩，2013年，庆阳提出利用宜林荒山七年时间再造一个"子午岭"，去冬今春已造林110多万亩，以幼苗培育工程为抓手，大力引进外资，建立庆阳市适生幼苗基地，为"再造一个午岭"工程提供树苗。另外庆阳属于半干旱区，地形以山地丘陵为主，大力发展生态林和经济林是庆阳市的一项战略任务，引进外资，扩容内资，发展苗木前景很大。

4. 特色农产品种植、加工、出口产业

特色农副产品深加工不仅可以提高初级农产品的附加值，提高农业的综合效益，增加农民收入，而且有利于开拓市场，提高农业的竞争力，庆阳是全国著名的特色农产品生产、加工和出口基地。以苹果为例，进入21世纪后，庆阳依托区位优势，优化产业布局，在87个果乡（镇）集中连片发展，每年平均以5万~10万亩的速度扩张苹果生产，并不断向50个优势乡（镇）集中，呈现出规模化种植、区域化栽培的良好态势，快速建成了以西峰为中心的中南部苹果优势产区。2010年，全市苹果栽培面积已经居全省第一，达到116.64万亩（占全国栽培面积的3.77%，全省栽培面积的27.13%），建成万亩乡（镇）45个、千亩村359个，十亩以上大户1.17万户，栽果农户已占到全市农户总数的54.7%。经过多年经营培育，苹果产业已壮大成全市"助农增富"重要支柱产业。

庆阳全市都是苹果生产优势区域，产业化基础已经形成，苹果产业是庆阳市招商引资的重点产业，也是外资外商大有作为的产业。拟引进外资可以从以下几方面切入：其一，建立优质苹果幼苗培育基地，提供优质果苗；其二，直接新建有机苹果基地；其三，以合资、合作、租赁等方式和庆阳原有苹果生产企业联合经营；其四，在庆阳建立苹果生产技术服务公司；其五，建立直接面向国际市场的营销公司。

5. 中医药品开发产业及健身保健产业

庆阳是中医药文化的传承创新区，如今的中医药产业发展方兴未艾，已经建成中药材系列化、规模化集中种植基地13个，总面积25万余亩。引进外资的方向为：大型中药材种植企业；中药材初级加工企业；中成药、中药针剂制造企业；以保健食品、功能性饮品、健康用品产销为主体的传统保健品产业；以针灸、推拿、拔罐等为内容的中医养生会馆；以医疗服务，药品、器械以及其他耗材产销、应用为主体的医疗产业；以健康理疗、康复调理、生殖护理、美容化妆为主体的非（跨）医疗产业；以健康检测评估、咨询顾问、体育休闲、中介服务、保障促进和养生文化机构等为主体的健康管理产业。美国著名经济学家保罗·皮尔泽在《财富第五波》中将健康产业称为继IT产业之后的全球"财富第五波"，庆阳市有传统的中医药文化，又有现代化的制药产业基地和中医药研究中心，中医药品开发生产产业及健身保健产业在庆阳市有广阔的投资空间。

6. 城镇建设和现代服务业

庆阳市有一个市区和七个县城，这些城镇对全区经济发展起着示范、牵引和带头作用，是区域发展的主要拉动力量。作为工业生产的中心，城镇中集中了数量较多、规模较大的工业企业；作为区域商品流通中心，城镇是区域内物资集散地和主要的贸易市场；作为交通运输中心，城镇具备四通八达的交通线路和快速安全的运输手段，形成庆阳市人流与物流汇聚的中心，担当着枢纽的重任；作为金融中心，城镇聚集着银行、保险公司、证券公司等金融机构，具有从金融市场借贷和调拨资金的能力，保证经济发展对资金的需求能最大限度地得到满足；作为信息中心，城镇拥有影响力大、受众面广的新闻出版、广播电视、广告咨询、电脑网络等机构和媒体，能快速生产与传播信息，把经济中心的功能放大和延伸；城镇还是文化教育中心，特色鲜明的文化和普及深入的教育成为城镇最大限度发挥对区域经济带动作用的又一项重要保障。城镇的内涵越丰富，居民享受到的服务就越充分，对周边地区的辐射力就越强，庆阳市是一个新兴城市，从外延和内涵上发展潜力都很大，是外商投资的理想城市。

结合庆阳城市现状，外商拟从以下几个方面投资拓展：第一，在经济新常态条件下进一步明确各城镇的发展定位，制订发展规划，如在"生态旅游、避暑休闲、能源转化"大方向下规划设计文化休闲广场、停车购物广场、文化会展广场、特产集散市场、旅游网点布局、休闲农庄设计、工业园区布局（已经完成布局）、集雨湖泊、污水循环利用等城市要件；第二，商务会展中心、文化创意园区；第三，养老养生园区；第四，科技服务园区；第五，创业孵化园区；第六，城市保洁公司等。庆阳市是后发地区，现代服务业发展空间很大，是外资投资的主要领域。

（二）重点引资对象

1. "长三角"经济发达地区

长三角包括上海市、江苏省的8个城市和浙江省的6个城市，共计15个城市，以后又有浙江台州市加入了长三角城市经济协调区，形成所谓的"15+1"。以沪杭、沪宁高速公路以及多条铁路为纽带，形成一个有机的整体。2010年5月24日，国家发展和改革委员会介绍，国务院目前正式批准实施的《长江三角洲地区区域规划》明确了长江三角洲地区发展的战略定位，即亚太地区重要的国际门户、全球重要的现代服务业和先进制造业中心、具有较强国际竞争力的世界级城市群；到2015年，长三角地区率先实现全面建设小康社会的目标；到2020年，力争率先基本实现现代化。

2. "珠三角"经济发达地区

珠三角经济区是指在"9+2"框架下形成的中国最主要的规划经济区之一，是增强中国珠三角区域的整体影响力和竞争力，促进区域经济合作与发展的平台，始设于2003年年底，现有11个一级行政区成员。

"珠三角"包括珠江流域地域相邻、经贸关系密切的福建、江西、广西、海南、湖南、四川、云南、贵州和广东9省区，以及香港、澳门2个特别行政区，简称"9+2"。"珠三角"面积200.6万平方千米，户籍总人口45698万，GDP总值52605.7亿元（6356亿美元）。其中，9个省区面积占全国的20.9%，人口占全国的34.8%，GDP总值占全国的33.3%。

3. "丝绸之路"经济带

"新丝绸之路"经济带，是在古丝绸之路概念基础上形成的一个新的经济发展区域，包括西北五省区（陕西、甘肃、青海、宁夏、新疆）和西南四省区市（重庆、四川、云南、广西）。新丝绸之路经济带，东边牵着亚太经济圈，西边系着发达的欧洲经济圈，被认为是世界上最长、最具有发展潜力的经济大走廊。陆上"丝绸之路经济带"东端连着充满活力的亚太地区，中间串着资源丰富的中亚地区，西边通往欧洲发达经济体;"海上丝绸之路"将中国和东南亚国家临海港口城市连起来,通过海上互联互通、港口城市合作机制以及海洋经济合作等途径,最终形成海上"丝绸之路经济带",不仅造福中国与东盟,而且能够辐射南亚和中东。

4. 黄河协作区

黄河协作区为中华文明重要发祥地之一的黄河金三角地区,在今天再次成了世人关注的焦点。这块位于黄河中游地区,覆盖晋、陕、豫三地,处于我国中、西部地区结合带的省际交会区,以20余年来不间断的经济合作与社会、资源整合,正在形成一个日臻成熟的经济社会发展平台。它所展示的区域互动效应和区域焊接功能为我国现阶段"以东带西、东中西共同发展"的战略布局提供了极具可操作性的现实价值。

5. 发达国家和地区

这些国家和地区主要有美国、法国、德国、意大利、日本、英国、奥地利、新加坡、澳大利亚、新西兰、韩国、卢森堡、挪威、瑞士、爱尔兰、丹麦、瑞典、荷兰、芬兰、比利时、西班牙、葡萄牙、加拿大等,中国台湾和香港也是引资的重点区域。

(三)重点引资区域布局

1. 西峰工业园区

西峰工业园区由国家发改委批准成立,庆阳市西峰区人民政府主办,占地1万亩,园区位于庆阳市城市规划区西南部,北起董北路,东至202省道,西至野林北路(规划B1路),南至野林东路(规划A3路),总规划面积6.63平方千米,是以石油加工、石油(天然气)化工、精细化工及关联产业开发为主的石化专业园区。园区基础设施建设完成投资9680万元,入园企业5户,目前300万吨炼化搬迁改造项目、西峰油田第二联合输油站、长庆油田轻烃厂、长庆油田物资储运站已建成投产。正在建设的庆化600万吨/年炼油升级改造项目已完成地勘、厂区围界、指挥台等工作；上海瑞南天然气项目完成厂区围界、地勘等工作。庆阳永欣石化干气芳构化项目完成办公楼主体工程球形罐建设；庆阳立达重催装置项目完成选址、备案、环评、用地预审等工作，正在进行勘测定界及土地指标申报工作。园区以乙烯、丙烯及其关联产品为主体的下游产业及精细化工项目正在开展定向招商。初步形成了以原油储运加工为龙头，关联产业有序跟进的产业框架，初步奠定了建设大型能源化工基地的基础。

2. 宁县长庆桥工业园区

长庆桥工业园区是国办发〔2010〕29号文件确定的支持甘肃重点建设的三个工业集聚区之一，也是全省循环经济示范园区。地处陕甘两省三市（咸阳市、平凉市、庆阳市）交界处，距庆阳机场50千米，福银高速、青兰高速、省道202线、运煤大通道、西平铁路穿区而过，水利、电力充足，金融、商贸、物流等服务功能齐全。总规划面积195平方千米，规划建设大型能源化工基地、交通枢纽、物流中心。投资方向为煤电化工及相关配套产业、建筑材料、商贸物流、基础设施建设、旅游资源开发。

3. 庆城县驿马工业园区

庆城县驿马工业园区成立于2006年，规划区位于庆城县驿马镇东北部，规划面积8.6822平方千米，南北长约4千米，东西宽约2.5千米，建设用地面积791.71公顷。集中区整体规划结构为"一轴两心三片区"（"一轴"即依托202省道形成东西居住及商业发展轴，"两心"集中区产业配套服务中心和镇区服务中心，"三片区"即北部和南部产业发展片区和中部人文居住片区）。2010年2月被农业部认定为全国农产品加工示范基地。2011年12月份，驿马工业园区被甘肃省农业产业化工作领导小组认定为甘肃省农业产业化示范基地。

4. 庆城县西川工业园区

西川工业园区位于庆城县西北川区，按照建成全市装备制造产业园的发展定位，规划贺旗—董家滩油煤气综合配套装备制造、马岭商贸物流服务和阜城—韩湾轻工建材3大产业聚集区，核心区面积4.41平方千米，总规划面积13.98平方千米。目前，园区内有各类企业近百户，年产值20亿元，从业人员2000多人，是全市重点工业园区之一。截至目前，共实施重点项目16个，总投资15.69亿元，已累计完成投资25198万元。其中，甘肃衍河油田开发公司投资1.2亿元新建的石油抽油管道防腐项目，以及北京恒信达建材有限公司投资6000万元新建的普通硅酸盐水泥发泡保温板生产项目已经投产运营；甘肃虹洋管业公司投资1.8亿元续建的2万吨塑钢管材生产项目，正在安装厂房钢架结构；甘肃坤隆石油机械投资的2.3亿元抽油杆、抽油泵等系列配套产品生产线项目，已完成方案设计和设备订购；西川药业、鸿益商贸、恒盛工程等续建项目进展顺利。由于周边集中区的产业定位以能源为主导产业，因此，集中区着重发展自身能源产业的同时，还注重发展与能源相关的配套产业的引进。形成近期以能源为主导来带动集中区发展，配套产业逐步开展提供辅助支持；远期在大力发展配套产业的过程中，逐渐将其做大做强为全市甚至周边省市提供配套产业支持的格局。

5. 镇原县金龙工业集中区

2006年6月开始筹建，是全省第一批循环经济示范园区和全省新型工业化产业示范基地。集中区规划总面积5.76平方千米，目前建成面积1785亩，入区企业18户，建设项目23个。集中区着力发展特色农产品产业，形成特色产业链，突出特色重点产品方向，已经形成了以地方特色农产品加工为重点，以上下游配套产业为补充的产业格局。主要有：一是以新一代、维思特、大鹏、新世纪为龙头，以杏开发为主的食品产业；二是以解语花、中盛为龙头，以羊绒和肉鸡开发为主的畜牧加工产业；三是以澳凯为龙头，以生物降解一次性餐具为主的高新技术产业；四是以康平为龙头，以中药饮片加工为主的特色中药产业；五是以凯迪、绿环为龙头，以废旧材料综合利用为主的循环经济产业；六是以科融、陇包、泰瑞为龙头，以混凝土、包装彩印为主的上下游配套产业。依托镇原及周边地区丰富的生物资源，着力构建以农副加工产业为主导产业，优化发展生物制药产业，以现代服务业为配套，共同协调发展的产业体系。

6. 宁县和盛工业园区

始建于2005年8月，2008年9月经甘肃省政府批准为市级工业集中区，2009年6月甘肃省经贸委批准为全省循环经济示范园区。集中区规划总面积6.69平方千米，总体布局结构为"一轴、两心、四区"。"一轴"即产业空间发展轴；"两心"即长官综合服务中心、集中区管理服务中心；"四区"即现代轻工制造区、农副产品加工区、物流产业区、长官生活服务区。功能定位为以绿色农副产品精深加工、现代仓储物流业、现代轻工制造业为主的现代集约型生态工业集中区。集中区2010—2020年发展规划已通过省上批复，环境影响评价报告书也已通过省上评审。依据总体规划，已在南部区块开发整理土地400亩，完成了供水、排水、供电、亮化、绿化等基础设施工程，达到了"七通一平"的建设标准。目前集中区已累计入驻企业16户，计划总投资7.3

亿元，完成投资 4.3 亿元。

7. 西峰商业聚集区

西峰商业聚集区地处甘肃东部，泾河上游，位于董志塬腹地，北靠庆城县，南接宁县，西和镇原县毗邻，东与合水县相望，是庆阳市党政机关所在地和全市政治、商贸流通、文化、交通中心。招商引资可以获得巨大的发展，取得很好的经济效益。

(四) 重点对接企业

1. "世界 500 强" 企业

"世界 500 强"是中国人对美国《财富》杂志每年评选的全球最大 500 家公司排行榜的一种约定俗成的叫法，《财富》世界"500 强"排行榜是衡量全球大型公司的最著名、最权威的榜单，该杂志每年发布一次，排行榜上的公司是世界范围内各个行业公司的代表。近几年"500 强"企业包含的产业均在 50 项左右，这表明不同行业的公司都能通过企业做大做强，具有跨行业和交叉的特点，总营业收入平均保持在 11.09% 左右，总体发展平稳，例如，能源化工企业有中国石油化工集团公司、中国石油天然气集团公司、荷兰皇家壳牌石油公司，旅游企业有德国的途易（TUI）、法国的索迪斯（SODEXO），苹果企业有中粮集团有限公司（COFCO）、林木企业有迪尔公司（DEERE）、AntarChile 公司，这些企业规模大、稳定性强，是庆阳市招商引资的最理想企业群体。

2. "中国 500 强" 企业

"中国企业 500 强"评选活动由中国企业联合会和中国企业家协会主办。按照国际惯例，"中国企业 500 强"评选是以申报企业销售收入和营业收入等经济数值进行排序。这些企业具有以下特点：规模快速提

*121*

升，盈利能力稳定；税收贡献居于突出地位，效益增速平稳；兼并重组持续活跃，上榜企业的地位更趋稳定；与美国企业"500强"规模差距小。例如能源化工企业有中国石油化工股份有限公司、中国石油天然气股份有限公司、中国海洋石油有限公司，旅游企业有上海豫园旅游商城股份有限公司、中青旅控股股份有限公司、香港中旅国际投资有限公司、中国国旅股份有限公司；苹果企业有北京顺鑫农业股份有限公司。虽然这些企业也面临产业分布的结构性矛盾突出，研发投入的强度得不到保障等压力，但是这些企业是庆阳市建设能源化工产业链、旅游产业链和苹果产业链的核心引资群体。

3. "民营企业500强"企业

"民营企业500强"是中华全国工商业联合会在上规模民营企业调研的基础上，以营业收入总额为参考指标发布的排序结果。随着民营企业的快速发展，民营经济在我国社会主义市场经济中的作用越来越显著，这项调研工作也日益受到政府、民营企业和社会各界的重视。例如，能源化工企业有江苏沙钢集团有限公司、海亮集团有限公司、中天钢铁集团有限公司，林木企业有新希望集团有限公司、山东新希望六和集团有限公司。这些民营企业经营指标增长超过其他所有制企业，在营业收入增长率、总资产增长率、净利润增长率、资产净利率等方面均领先于其他所有制企业；这些企业地区分布以东部为主，行业分布以制造业为主，进入战略性新兴行业的企业增多，注重提高自身素质，向科技、管理、品牌要效益的趋势日趋明显，"走出去"步伐加快，国际竞争力快速增强。这些企业本土文化浓厚，融入了现代企业理念，是庆阳市招商引资的主要目标。

### 五、主要任务

根据庆阳市的发展要求，经济技术合作局的具体任务为：在优化发展环境方面要着力引进和建设一批国家级研发、设计、检测、中介服务等产业发展公共服务平台，创造一流的产业配套环境，积极扩大对外开放，加大对外经济、文化交往交流力度，加快发展外向型经济，全方位打造开放型城市；在强化投资保障方面，要强力招商引资，力争在对接"世界500强""国内500强""行业100强"，在引进行业龙头企业和企业总部上实现大突破，在引进产业集群的大项目和大企业上实现大突破，在引进战略投资上实现大突破，争取每年有2~3个投资在50亿元以上的工业项目落户庆阳。同时，要引进和培植一批国内有地位、国际有影响的知名品牌，加快培育一批产值过300亿元的产业集群，建设现代工业、农业多样化城市，农、工、贸、旅游、娱乐一体化发展。

今后五年是我市实施"十三五"规划、实现经济社会跨越发展的关键时期，也是全面推进"魅力庆阳"建设，开创城市建设新局面的重要时期，要以引进大项目为核心，以产业链招商、园区招商和驻点招商为重点，积极创新招商方式，提高项目质量，做大、做强、做实招商引资项目，全面提升招商工作水平。

（一）要进一步扩大对外开放的步伐，加大对外经贸交流力度

要以更加积极的姿态加强与国内外的信息与项目对接，与省政府驻沿海办事处、驻外使馆、各地经协组织、重点区域有影响力的驻外商会等建立合作关系，不断拓宽招商渠道，搭建招商平台，建立招商网络，实现招商引资新突破。

（二）积极对接"世界500强""中国企业500强""民营企业500强"

相比较而言"500强"企业在各自的群体内具有寿命周期长，掌握了该领域的核心技术，主要产品能够均衡发展，能有效抵御各种风险；企业历史积累深厚，人才储备丰富，薪酬制度健全，自主创新能力强；重视成本控制，具有量化监控的工作体系、管理机制科学化、管理程序现代化等一系列优势。围绕构造红色旅游产业，油、煤、气产业，民俗文化产业，特色农产品等产业体系，力争每个产业每年引进2~3个50亿元，3~5个10亿元以上的大项目，通过引进和对接活动带动庆阳市本土企业的发展，充分发挥庆阳市的资源优势，为本市经济在新常态下稳步发展打好坚实的基础。

**六、保障措施**

（一）加强区域经济发展战略和招商引资方法的研究

1. 结合庆阳经济特点打造区域经济增长极

（1）在推动区域经济协调发展中打造经济"区域经济"增长极是指区域范围内的经济活动，统筹区域经济，促进地区协调发展，缩小区域间发展差距，是经济社会发展的重要原则。庆阳市应结合自身实际情况，充分发挥地理区位优势和能源资源优势，构筑全市区域经济优势互补、主体功能定位清晰、国土空间高效利用、人与自然和谐相处的区域经济发展格局，在推动区域经济协调发展中打造经济增长极。

（2）在推进能源化工基地建设中打造经济增长极。庆阳能源化工基地建设，应当融入全国区域经济发展的大局中，进行统筹谋划、综合开发，扎实推进大企业、大集团战略，形成竞争开放的格局。应全力抓好超低渗油田开发项目，努力扩大原油产能；加大煤炭勘察开发力度，早日形成煤炭生产能力；加快工业集中区基础设施建设，尽快论证上马一批石油化工、煤电、煤化工项目，延长产业链条，形成产业集群；加强同鄂尔多斯盆地资源富集地区在资源开发、基础设施建设、生态环境保护等领域的密切合作，积极做好陕甘宁革命老区生态能源经济协调发展试验区相关工作，使这一规划设想上升为国家发展战略，尽快启动实施；推进与平凉市共同建设长庆桥泾川煤电化循环经济区各项前期工作，争取建成国家级循环经济示范区，鼎力打造一个高水平的现代工业新区，使其成为陇东能源化工基地的支撑点和"引擎"。

（3）在推进城镇化进程中打造经济增长极。城镇化对区域经济发展起着聚集、扩散和辐射作用，城镇化是庆阳市富余劳动力和乡镇企业逐渐在空间上聚集而转化为城镇的经济要素，成为经济发展重要动力的过程，要力争2020年我市城镇化率上升到46%以上，走符合市情的、具有特色的城镇化道路，建立以工促农、以城带乡的长效机制，可以充分发挥城镇化对县域经济发展差距的聚集、扩散和辐射作用。

2. 以现有产业为基础组建产业集群

产业集群是指在特定区域中，具有竞争与合作关系，且在地理上集中，有交互关联性的企业、专业化供应商、服务供应商、金融机构、相关产业的厂商及其他相关机构等组成的群体。

（1）油、煤、气开发加工产业群。利用油、煤、气等资源，发展石油化工、煤炭化工、煤气电、天然气（煤层气、石油伴生气）化工产业集群，建成长庆桥、正宁、西峰、环江沿线4个产业园区。

（2）特色农产品种植、加工、出口产业群。特色农产品加工出口是庆阳市的传统产业，在新阶段引进外资、扩大规模、提高质量、进行产业化运作，在原来加工出口工贸区的基础上，引进对口企业，改造传统产业，建设现代化的特色农产品产业集群。

（3）旅游业产业群。以"黄土风情＋红色南梁＋文化遗迹"为旅游定位，积极争取庆阳—西安—壶口环形旅游路线，吸引全国观光客源观赏黄土大塬，领略庆阳风情，追忆历史烟云，珍惜美好生活，大力开展"庆阳人游庆阳"活动，进一步培育和拓展庆阳旅游市场。

（4）绿化苗木产业群。以国有合水林业总场、华池林业总场、正宁林业总场，镇原林业总场等为基础，引进外资，利用内资，积极学习国外先进经验，以"再造一个子午岭"为近期目标，以建立苗林产业集群向境内外出口苗木为远期目标。

（二）加快基础设施建设，发挥平台载体功能

坚持把"一区四园、一线八域"作为提升区域核心竞争力的基础工程，谋划建设一批高标准的高新技术产业园区，持续推进长庆桥、西川、驿马、镇原金龙、宁县和盛等工业集中区和西峰民俗文化产业园的规划建设和配套服务，不断推进开发区域的基础设施建设，迅速形成道路网络框架体系，合理布局公用市政配套设施，加快通信设施和信息网络建设，使各大开发区基本达到"七通一平"水准。超前收储土地，创新融资平台，突出园区功能定位和产业布局，提升承载大项目、大企业的能力，真正形成招商引资"洼地"和"磁场"效应。积极探索产业园区招商工作机制，进一步创新政策模式，打破属地界限，指导科学招引，分类壮大产业。坚持产业园区逐步向经济和技术双重开发，从注重引进向注重消化、吸收、创新改变，形成以园区主导产业和支柱产业为核心的产业链和产业群，重点发展技术含量大、工程度深、产品外销竞争能力强的项目，从而使园区高新技术项目不断得到新的扩充和发展。

(三) 进一步优化投资软环境, 营造招商新氛围

把吸引客商投资的"拳头"优势, 从依靠政策向依靠环境转变, 尽可能给客商以国民待遇, 着力提高软环境的"含金量", 在软环境上做"硬"文章。一要淡泊"权利"意识, 强化公仆意识。各职能部门要从经济发展的大局出发, 树立全市"一盘棋"的思想, 正确处理局部与全局、部门与整体之间的关系, 要自觉站在投资者立场上换位思考问题, 要全方位、全过程、全心全意为客商提供便利条件, 满腔热情地帮助客商把项目做好、做大、做强。只有强化支持客商项目成功的"富商"意识, 才能实现"客商好, 我更好"的"双赢"功效。二要严格禁止"四乱"行为。各执法部门要杜绝向企业乱伸手、乱摊派、乱收费、乱罚款、"强化缘"行为, 减轻企业负担。同时要加强业务知识的指导, 既要告诉企业什么不能做, 更要指导企业该怎么做, 自觉形成"急企业所急、想企业所想"为企业服务的观念, 并通过制度来长期保证。三要全面为企业营造"家"的环境。各大开发区作为外来企业的"婆家", 要为企业的发展铺路开道, 切实为企业营造"家"的环境, 要把投资软环境看作各县、开发区优先发展的生命线, 积极倡导与世界接轨, 把符合国际惯例的服务理念寓管理于服务之中, 使企业真正能享受到"家"的温暖。四要从严管理各级机关工作人员, 要不断提高执法部门和职能部门公务员的素质, 制定工作延误和工作失误的责任追究制度, 对损害软环境的人和事要发现一起, 严肃处理一起, 决不姑息迁就, 典型事例要在庆阳的媒体上给予曝光、通报批评。

(四) 强化对外宣传推介力度, 提升招商竞争力

一要整合招商资源, 完善宣传资料。制作宣传画册、运用多媒体、加强招商网站的建设与包装, 同时, 要充分利用境内外的各类媒体宣传

报道庆阳市的投资环境和投资亮点,加大整体推介庆阳发展的宣传力度,增强庆阳对海内外投资者的吸引力。二要进一步加大"走出去"招商的宣传力度。要主动组团,有计划、有针对性、有声势地在境内外经济活跃地区,依托区位优势、产业特色等精心策划好各种招商会、投资说明会、推介会和研讨会等,突出外向型招商、特色产业招商。三要抓住重点区域,突出招商重点。要将目光盯住一批资金实力强、市场发展潜力大、科技含量高的"世界500强"企业和国内知名品牌企业,主攻能迅速形成我市特色产业的龙头骨干企业,以扩大产业链,形成规模效应。同时,重点开发区要结合各自的产业优势,实行"定位招商",做到错位竞争,形成独特的开发区。要成立招商小组,并根据自身优势,主动选择经济发达和产业转移的重点地区开展招商工作,实行小组内轮流选派优秀中青年干部进行驻点招商,收集招商信息,开展招商活动。

(五)强化机制,为项目提供贴身服务

一要建立项目服务秘书制。为更好地服务项目建设,在全市推行"项目服务秘书制",对重点项目派驻项目服务秘书,全方位、全天候、全过程地与投资方联系,加强与涉企投资的有关职能部门沟通,跟踪、协调解决项目落地、项目建设和企业生产中遇到的困难与问题,确保服务环节不脱节、不缺位,推动招商引资项目快速签约、快速注册、快速开工。对有意向投资及已经投资的符合项目秘书制的企业,要及时进行筛选上报,确保大项目特事特办,取得招商引资新突破。

二要督导项目服务秘书制。市政府要召开专题会议,就进一步深化项目服务秘书制的推进和落实进行部署,强化项目服务周汇报、月汇报和通报、旬调度制度。要求项目秘书每周一总结汇报;每月30日前,向项目督导组报送本月项目完成进度，制定下个月拟推进进度；每旬召集市直相关职能部门听取重点项目落户与建设进展情况，研究解决有关问题，对项目进行指导调度。市政府督导组每月对招商引资项目落户进展、建设进程和相关问题解决落实情况予以通报。陇东报等新闻媒体对重点项目建设情况全程跟踪报道，增强项目建设的透明度。

三要不断改善产业配套环境。加强与国内外知名服务商的联系，建立合作关系，着力引进和建设一批国家级研发、设计、检测、中介服务等产业发展公共服务平台，创造一流的产业配套环境。

(六) 强化目标，紧盯大项目招商

突出工业项目，依托骨干企业以企招商，积极谋划大项目、承接大项目，在招大引强上下功夫，突出产业链招商，实现对支柱产业的上下游配套服务企业及关联产业招商的新突破。始终坚持"产业第一、企业家老大"的理念，紧紧围绕工业项目的引进，贯彻工业产业第一的思想，树立"突出重点、增量提质、量质并举"的招商思路，迎难而上，抢抓机遇，创新举措，着力加大项目招引和推进力度，制定《庆阳市招商引资考核奖励办法》，加强引导，鼓励大项目的引进，特别是瞄准央企以及"世界500强""国内100强""行业50强"，在引进行业龙头企业和企业总部上实现大突破，在引进产业的大项目和大企业上实现大突破，在引进战略投资者上实现大突破。

(七) 加大督办力度，强力推进项目落户

首先加强对在谈项目的落户督办。项目是经济发展的根本，没有项目就等于没有经济增长点。市政府要坚持定期召开项目调度会，及时听取掌握在谈招商项目进度，为进一步加强在谈项目的督办力度，加快项目落户进程，及时解决项目落户过程中存在的问题，要定期召开项目落户督办会，加大协调、服务、督办力度，确保招商项目早落地、早开工、早投产。其次要加强对重点建设项目的督办。成立重点建设项目督办组，对全市亿元以上的未开工和建设进度较慢的重点建设项目逐项进行督办，由督办小组对所督办区域内的重点项目逐一进行检查，填写重点项目建设情况调查表，现场进行协调督办；对需要统筹协调的问题，梳理汇总后向市政府及时汇报；市政府定期召开未开工省市重点项目督办工作专题会议，听取督办组汇报，进行项目协调调度；市政府政务督查室、市重点办将对项目推进过程中存在的突出问题下发督办通知。

（八）突出考核调度，强化过程管理

继续实施"招商引资一把手"工程，各单位主要领导是招商引资第一责任人，分管负责人是直接责任人；严格兑现奖惩，按照招商引资考核奖惩实施办法，实行招商引资新项目首位确认制，项目一经签约，即由第一招商引资单位办理申报，杜绝"搭车""贴牌"现象。对招商引资有突出贡献的集体（个人）以及新引进的重大项目，市委、市政府给予表彰奖励。加强招商队伍建设，提升招商人员专业素质，每年集中在外学习1—2次。强化过程管理，继续实行"月通报、季调度、半年督查、年终考核"制度。

## 第四节 企业营销道德建设

营销道德是指在市场营销活动中调整企业与社会之间关系的行为规范的总和，它涉及企业营销活动的价值取向、伦理规范和社会责任等问题，是以善恶为标准，依靠人们的内心信念、社会舆论、传统习惯维系的营销观念形态和行为规范。对于市场营销道德的研究从20世纪70年代就开始了。英国学者罗斯认为企业在营销活动中要承担六种显要义务,即诚实、感恩、公正、行善、自我完善和不作恶。加勒特把企业营销行为不道德的程度分为"小恶"和"大恶",这分别是指造成他人物质利益的损害和造成他人或机构某种重要能力的丧失,他主张从目的、手段、结果三方面来考察,评价营销道德的合理性,要求营销人员不要做那些既无令人信服的正当理由,又会伤害他人的营销行为。总体而言,国外研究者的早期成果和市场经济的基本制度都证明,市场营销的基本道德是诚实、守信、公开、不作恶等,是以不侵害他人或团体的基本利益为前提的。在我国这样一个市场经济制度处于发展完善中的国家,道德水平建设还需进一步加强的现实情况下,尽快建立消费者和企业之间的相互信赖、平等互爱、互利互惠的和谐关系,已成为我国企业改革与发展中至关重要的问题。

**一、企业营销道德建设的必要性**

目前在我国的企业行为中存在着对消费者不公平、欺诈消费者和操纵消费者的现象,例如:有些商品的宣传内容与商品的内在品质不相符;有些企业的产品侵害消费者的健康和安全;滥用质量标志,给消费者正确判断商品质量和档次带来困难,为劣质产品提供了鱼目混珠的条件;利用包装设计夸大商品的容量和质量,给消费者购买商品造成错觉;有的企业利用消费者对商品知识的缺乏和对广告说明的过分依赖而操纵消费者。

损害公众利益和竞争者利益的营销道德问题也随处可见。如:一些产品在制造、使用中对自然环境造成污染;一些企业及其营销人员的过度促销造成了社会资源的浪费；一些产品在满足消费者个人某些需要的同时，也产生了很大的社会成本；一些企业为了谋求竞争优势，采取了不道德的竞争手段，破坏了正常的竞争秩序，损害了竞争对手的利益。

以上现象是在我国市场经济体制尚未完善，新的企业制度逐步形成，营销道德建设相对滞后的特定大环境下形成的，如不尽快改变，将会使消费者不敢放心大胆地购买商品，尤其是创新商品，进而影响到企业的生存和发展；消费者对企业，进而对社会产生不信任感，常常是牢骚满腹；营销道德建设滞后，会影响其他方面道德建设的发展。因此我们要把营销道德建设当作一件大事来抓。

**二、企业营销道德建设的指导思想**

（一）维护竞争道德的指导思想

竞争机制是市场经济的基本机制，竞争的优胜劣汰，促成资源在不同部门的流动，哪个部门能够最有效地利用资源，它就能在竞争中发展壮大，资源就向哪里集中。但竞争要符合道德标准，不要以贿赂或变向贿赂为手段销售产品，不要有意使用与知名商品近似的名称、包装、装潢，造成和他人知名商品相混淆；不要恶意借用名优标志、认证标志等质量标志，对商品质量做引人误解的虚假表示；不要有意利用不正当手段获取竞争对手的商业秘密或故意披露竞争对手的商业秘密；不要有意利用广告或其他方法，对商品的质量、成分、性能、用途等做引人误解的虚假宣传。总之企业在市场竞争中采取的竞争策略要自觉维护一般的道德标准，不能唯利是图，得利而失"德"。

（二）以服务为目的的指导思想

服务就是顾客买产品时所获得的除产品整体概念中核心产品和形式

产品外附加的利益，一般表现为咨询、送货、安装、维修、融资等顾客所重视的其他内容。随着消费需求的日益多样化，消费水平的不断提高，顾客对服务越来越重视，因此，服务已成为企业竞争的重要手段。但以往企业的指导思想是把服务当作一种手段，而利润才是目的，也就是说为了赚取利润，不得不提供服务，而现在企业要把服务当作自己的目的和宗旨，办企业的目的就是提供优质产品、优质服务，而利润则是消费者对企业的一部分回报，只有以提供优质服务为目的，企业才能得到消费者的认同和支持。

（三）可持续发展的指导思想

企业生产产品，提供服务，不仅要考虑消费者的眼前利益，更要考虑消费者的长远利益，不仅要考虑少数消费者的利益，更要考虑广大消费者的利益。掠夺资源、污染环境、损坏健康、败坏社会风气，不利于社会和谐安定的产品和服务，只会越来越受到社会的谴责。

（四）把企业办成精神文明建设基地的指导思想

一个好的企业更是一所好的学校，不仅向社会提供物质产品，更向社会辐射出精神文明的光芒。这具体包括：第一，职工与职工之间、职工与企业之间、企业与企业之间，形成相互信任、相互尊重、同心同力、发展企业服务社会的精神；第二，钻研业务、改进技术、奋发向上、不断进取的精神；第三，树立办企业的目的是服务于人民，企业的利润是来源于人民，企业的发展是回报于人民的思想。

### 三、企业营销道德建设的内容

（一）树立企业营销道德信念

这些信念主要有：第一，以顾客需求为出发点，企业在满足已有需求的同时，还必须预见需求、引导需求、激发和创造需求；第二，企业内部各职能部门及员工应以整体利益为目标，共同为争取顾客发挥应有的作用，同时协调发挥营销策略要素的整体作用；第三，充分利用有限资源，防止环境污染，保持生态平衡；第四，把短期营销目标变成长期交易导向，使市场营销由过去的追求交易利润最大化转变为追求网络成员利益关系最大化。

（二）确立营销道德基本原则

营销道德的基本原则是公平、自愿、诚实和信用。公平是指买卖双方在交易中要互利互惠、等价交换；自愿是指买卖双方应该完全按照自己的意愿进行交易活动，不能强买强卖；诚实是指买卖双方应该互通真实信息，实事求是；信用是指买卖双方应该信守承诺，遵守合约。

（三）增强社会责任意识

第一，为顾客提供文明、健康、适用、经济、品位高的产品。第二，为社会提供就业机会，为职工提供福利，资助各种社会公益活动。第三，普及理想教育，争做把我国建设成为民主、文明、富强的现代化国家的标兵。第四，普及道德教育，把企业建设成为树立和发扬社会主义道德风尚的基地，把职工培养成爱祖国、爱人民、爱劳动、爱科学、爱社会主义的模范。

（四）建立企业内部德育评价奖励机制

企业可以建立定量或非定量的德育评价办法，定期评选出德育先进个人，德育先进集体，树立榜样，进行奖励，在全企业形成鲜明的道德高尚的人光荣受尊敬、经济收入高、职务晋升快的风气，反之，对个人修养差、质量意识差、团结精神差、服务态度差，不能以诚以信对待同事和工作的人员进行淘汰，从企业的基础层面上树立"勿以善小而不为，勿以恶小而为之"的道德风尚，为建立有道德的企业和有道德的营销制度做好扎实的基础工作。

（五）建立企业道德评价的社会中介机构

营销道德高尚的企业能得到社会的认同和消费者的支持，营销道德低劣的企业则为社会所不齿，和消费者距离疏远。随着社会节奏的加快和新产品的层出不穷，多数消费者都不是鉴定商品质量和综合功能的内行，现有的"省优""部优"等认证标志，有些含有水分，有些带有部门利益，消费者较难完全确信。逐步建立起企业道德评价的社会中介机构，建立起企业道德水平的反馈网络，在现实中就会形成道德高尚的企业商品畅销，到处受欢迎，道德低劣的企业商品没有销路，"过街老鼠，人人喊打"的局面。从而依靠社会的力量和经济运行的规律性力量来弘扬企业的道德正气。

## 第五节　营销人员的品性素质

营销人员的素质，是指反映在营销活动过程中营销人员所具备的思想、文化、业务和职业素养及品质。良好的素质，能提供给企业和公众高质量的满意的服务，树立较好的个人形象和企业形象，赢得更多的客户，占有更大的市场，特别是在市场竞争愈加激烈的今天，市场营销人员的作用显得更为重要，因而对其素质的要求也日益提高。本节对营销人员在品性方面的素质要求做些简单探析。

## 一、实事求是、诚实正直

营销人员每天要和各种各样的顾客打交道，顾客对营销人员一般总有一种戒备心理，因此，营销员比从事其他职业的人士更需要实事求是、诚实正直，树立诚实正直的个人形象。

诚实正直在工商业活动中是一种重要的无形资产，具有金钱所无法比拟的力量。国际上许多跨国公司把诚实正直作为企业文化的基础，"世界500强"企业对员工进行绩效考核时更看重诚信，员工必须信守职业道德，讲求诚信，若员工发生了诚信危机，他可能就没有机会在企业继续工作下去。

高质量的产品和服务要求绝对的诚实正直，提供优质产品或优质服务是对顾客负责，让顾客买到足值的产品，是诚实正直的内涵。营销人员必须以诚实和正直为立身之本，要在自己的顾客中赢得信誉，凡说过要做的事情，必须全力以赴在承诺的时限内完成。在公司内部能否得到同事的信任，能否立足，能否最终取得职业生涯的成功，很大程度上也取决于其诚信水平。

## 二、雄心壮志、终有所成

事业成功的人不一定是体力、智力最优秀的人，而是从小胸怀大志，向着目标不断追求，沿着陡峭山路不停攀登的顽强者。营销工作是一个充满困难和挫折，困苦与艰辛的工作，说的话比别人多，走的路比别人长，经历的挫折比别人多，受到的打击比别人大，在营销行业谋生比较容易，小有成就也可以做到，但是要大有作为就非一般的人可以做到，唯有立大志者才能成大器。古人言人生不如意事十之八九，矢志进取的人，面对挫折没有抱怨，没有烦恼，没有退却，反而笑看挫折，并从中汲取养料，最终走向成功，这就是成大事者的真谛，这也是人生考验的关键。

### 三、满怀信心、放手去干

营销人员的工作表面上是说服、劝说顾客购买产品，其本质是营销自我和产品的使用价值，如果营销员对自己、对企业及其产品都没有信心，怎么会信心十足地去感染顾客，劝说顾客实施购买行为？营销人员要坚信：只要你有信心，你就无所不能，只要你相信你能成功，你就能成功。坚强的信心是成功的源泉，成功在实践，信心在自己。信心是一种极为难得的素质，它能驱使一个人在不被吩咐应该去做什么事之前，就能主动地去做应该做的事。有了信心才有进取心。无论工资高低，无论才干大小，成功都取决于信心的力量，因此，营销员要十分重视培养自己的信心。

### 四、坚忍不拔、持之以恒

营销人员遇到的挫折很多，但是挫折不等于失败，失败了尚且有可能转化为新的机遇，更何况小小的挫折。有些营销人员遇到挫折会选择放弃，放弃必然导致彻底的失败，而且不只是手头的问题没解决，还会导致人格的失败，因为放弃会使人产生一种失败的"心理停滞状态"。

不同的态度，不同的反映，其实就是个体之间挫折容忍力的差异。挫折容忍力是指个人遭遇挫折时免于心理失常的能力，是指个人经得起打击或经得起挫折的能力。能忍受挫折的打击，具备良好的适应能力，以保持正常的心理活动，这是心理健康的标志，也是成大事者所必须具备的重要心理素质之一。这种向自己挑战的内在冲动一旦化为行动，世界上任何挫折都不会使你屈服。在每个人的生命中，不论干什么事都应该重视这种精神，要有一个坚定的、永不放弃的希望，也就是我们要在不屈不挠的奋斗中生活。

**五、心态积极、乐观上进**

成功的营销人员都心态积极，乐观上进，不成功的营销人员都心态消极，悲观退却。同样一件事情乐观者看到的是积极的一面，悲观者看到的是消极的一面。面对同样困难的事情，乐观者积极接受，克服困难，办成事情，成就自我；悲观者消极避让，退避三舍，看着事情坏下去或者看着别人办成了事情。心态对事业是否能成功具有举足轻重的作用，培养积极的心态是营销人员的重要一课。

在营销活动中，不成功者可能是心态观念有问题，他们遇到困难只是选比较容易的倒退之路。拥有奋发积极、乐观进取的心态才能乐观向上地正确处理工作中遇到的种种困难。

**六、目标合理、成功在望**

目标就是给自己的人生确定一个希望达到的场景，价值观决定了人生目标。目标是有其重要性的，也是有其实现的难易程度的，那个让人觉得最有价值的目标，就是人生的终极目标。制定目标的一个重要前提是正确认识现在，认识自己。制定合乎实际的目标，这才是最重要的。合理切实的人生目标是成功的前提和保证，没有目标的人就像大海浮萍，随波逐流，浑浑噩噩，春去冬来，与叶同腐。目标的制定要符合自己的现状、社会条件和其他主客观因素，我们有理由为自己定下合乎自

<<< 第四章 培育庆阳市本土企业的对策研究

己发展的目标,并不断朝它努力,也就离成功不远了。

**七、热爱读书、勤于思考**

一位大企业家曾经说过,工作过于努力的人没时间去赚大钱。在我们周围,很多人都在抱怨,"我工作太辛苦,简直没有时间去读书和思考。"这句话的意思是,满足生计的需求已占据了一切,以至于没时间去考虑未来的机会。这也正是普通人与成功人士的区别所在。从某种意义上说,"懒人"往往比勤快人更适合做领导,一个重要的原因就是,他有时间思考,有时间补养,这在知识更新迅速的信息化时代显得尤为明显。骑脚踏车的人走不远,假如你过于忙碌地工作而没有时间去思考,你将无法充分挖掘你的潜能。有没有抽些时间学习和思考,不断调整自己的角度、提高自己的层次是成功人士和非成功人士的重要区别。学习是力量的源泉,学习的方式是多种多样的,学习的内容是全方位的。寻找一切机会学习,就能不断分析反省,总结提高。

## 第六节 庆阳地区特色品牌策略

品牌是商品的商业名称,是由制造商或经销商独创的,有显著特性的特定名称。品牌由文字、标记、数字、符号、图案或它们的组合构成,品牌包括品牌名称、品牌标记。品牌名称是指品牌中可以用语言发音的部分,如"奥迪""长虹""金帝""联想"等都是品牌名称。品牌标记是指品牌中可以识别但不能用语言发音表达的部分,诸如符号、图案或专门设计的颜色和字体等。商标是指经过注册登记受到法律保护的品牌或品牌中的一部分，企业的产品品牌经过必要的法律注册程序成为商标后，企业就获得品牌名称和品牌标记的专用权。应该说明的是，在我国，常常把"商标"与"品牌"这两个术语等同起来。特色品牌就是以特色产品为基础，以特色文化为内涵，具有超常的产权价值，广泛的知名度和鲜明地方特色的品牌。

**一、树立特色品牌的意义**

特色品牌的树立有利于庆阳地区形成综合优势，加强对庆阳地区的投资和开发，实现庆阳大开发的最终目标；有利于庆阳地区企业核心能力的培养，形成企业持续竞争优势；有利于本区企业参与市场竞争，进行市场跨越，开拓新的生存空间。具体而言，庆阳地区特色名牌的创建有它现实的经济意义和深刻的人文意义。

（一）经济意义

庆阳地区独特的人文地理环境、气候、土壤、日照等得天独厚的优越条件造就出与众不同的名优特产，这些农林牧名优特产的规模种植和名牌推广能丰富广大人民群众的物质生活和精神内涵。这些特色初级产品的加工和生产为名牌产品提供了可观的附加值，使企业提高生产工艺、追求产品内在质量的最优化、创立独占式经营成为可能。庆阳地区的环县、庆阳、华池等县有丰富的石油资源，区域优势明显，适合化肥、塑料等石化产品的深度加工和复合加工，只要立足于自身，就地取材，大做特色文章，就一定能挖掘出本地名牌创新的潜力。

（二）人文价值意义

对于特定品牌而言，其人文意义是指产品能够满足人们精神需求的附加价值，主要体现在它的个性化、地方化和社会化标志方面。名牌产品的个性化是指蕴含在名牌产品中独特的设计、生产、工艺理念，体现了它被大众认同的风格。例如，在 2002 年 6 月 6 日庆阳首届香包节上所展现的庆阳香包就以构思新奇，品种繁多，工艺精湛而被区内外客商青睐。地方性是特色名牌的又一大特征，它反映了一方人民的凝聚力和创造力。在现代社会条件下，越是文化品位高的产品就越有竞争力，越具有地方风格的产品就越具有世界性。特色名牌的社会化是商品以多种传播形式融入社会的过程，包含和渗透了其自身的文化传统，规范评价功能，引导人们的消费观念和文化意识，使特色名牌产品成为消费大众个人价值和地位的象征，可以在不知不觉中改变原有的社会文化氛围。

**二、创建特色品牌应树立的观念**

（一）质量观念

质量是品牌的生命，是创造和发展品牌的根本保证，据 1997 年中国社会调查事务所的一项调查，90.16% 的人认为名牌就是"产品质量好"。企业如果没有高质量的产品，不管其产品理念如何独特，其营销策略如何有效，都不会形成高信誉度的特色名牌。知名度高的品牌，无一不是以其过硬的质量称雄市场的，产品质量低劣是企业品牌不能树立或支撑不久的根本原因，要创立本地区特色名牌产品，就必须走质量效益型道路，用一流的质量创造消费者的消费信心，才能养成消费者的品牌偏好和品牌忠诚，这样庆阳特色名牌才会树立起来并且历久不衰。

（二）创新观念

庆阳地区长期处于落后的自然经济、半自然经济状态，受狭隘的小农经济思想和传统的计划经济体制的影响，加之信息闭塞、因循守旧、创新意识不强，因此特色名牌的确立必须打破传统落后的思想观念，树立起全新的思维方式。无论是在名牌的培育、名牌的发展还是名牌的保护方面，都要始终把握最新的时代和技术特点，牢牢把握住消费者，设身处地关心他们的需要，不断创新，创造出新的产品。成功的品牌经营的例子，无一不向我们表明，吸收当代先进的科技成果，不断研发出适销对路的产品对于创造和保持品牌的生命力十分重要。

（三）自信心观念

自信心是一个地区的人民奋发向上，敢为人先的精神动力，生活在庆阳地区的人民过去曾创造了灿烂的文化，人才辈出。改革开放以来，全区经济建设的步伐加快，社会事业不断进步，人民生活水平显著提高。农村经济在稳定发展粮食生产的基础上，初步形成了果菜、草畜、薯豆等支柱产业，地方工业初步形成了以石化、建筑、食品、纺织为主的产业格局，交通运输、邮电通信大为改善，教科文卫快速发展。今天面对西部大开发的良好机遇，庆阳人民必能内引外联，在内部充分发掘出名优农作物品种、丰富的野生植物资源、名贵中药材、畜禽良种和优势矿产资源，从外部引进观念、引进技术、引进人才，把庆阳经济引向全国经济发展的快车道。

（四）比较优势观念

比较优势，重在"比较"，也就是说要使自己的优势比其他拥有同类优势者更强大，更优越。这是一个地区的经济获得快速发展的决定性因素，庆阳地区的经济长期处于相对落后状态，其根本原因是没有形成强大的比较优势。建立比较优势是社会化大生产的必然要求，是以市场为媒介的商品经济的客观选择，是市场经济的内在要求，是发展本地经济的立足之本。在分工发达、竞争激烈、快速发展的现代社会条件下，一个地区，一个县，甚至一个企业都是一定层次的社会分工职能的承担者，都必须依靠比较优势占据一定的社会分工地位，自立于充满竞争关系或用竞争关系维系着的社会分工体系之中。本区特色名牌的开发一定要树立优势观念，找准优势产品，创建优势品牌，借助优势宣传，扩大优势效应。

### 三、特色品牌策略

（一）树立自然特色品牌

庆阳属温带半干旱大陆性季风气候。冬季多西北风，夏季多东南风。全年日照时数为2250~2600小时，作物生长期日照时数为1800~2000小时，占总日照时数的77%。年太阳辐射总量为51.7~60.9万焦耳/平方厘米，属国内高辐射区。年平均气温7℃~10℃，由南向北逐渐降低。无霜期由南往北缩短，平均为140~180天。年平均降水量为410~620毫米。地下水以塬区潜水蕴藏量最多，除环县北部外多数地区水质较好。在这片条件独特的土地上，生长的曹杏（分布在宁县镇原一带）以个大、肉厚、含糖量高而著称，曾为宫廷贡品。加工成的杏脯、蜜饯，远销东北，出口南韩。宁县晋枣是传统的自然特色产品，称为"贡品"，栽培历史悠久，其个大色艳，香甜味美，含糖量高，营养丰富，为天然保健食品，在省内外久负盛名，畅销不衰。尤其以晋枣加工的金丝蜜枣质地优良，吃糖饱满，片状整齐，远销20多个国家和地区，并多次荣获国优、省优农产品奖。环县的羊羔肉，以其肉质细密，味道鲜美，无膻味而闻名省内外（据当地老农说是羊吃了当地独有的一种草的缘故）。这些都是以独特的自然特色而形成的品牌。

## （二）树立工艺特色或配方特色

就是在长期的技术传承中形成了一套独特的工艺或配方技术或技巧，脱离了这个环境的企业很难模仿，比如马岭的黄酒以其独特的工艺、配方和贮存技术在特色饮料市场上独领风骚；庆阳彭阳春酒厂20年来长销不衰让众多的泡沫品牌望洋兴叹的重要原因就是纯粮食加工，工艺特别，配方特别。

## （三）树立地域文化特色

庆阳地区是华夏文明和中华传统农业的发祥地之一。我国第一块旧石器出土于华池县；人文始祖轩辕黄帝曾在庆阳境内桥山（子午岭）一带活动；先周始祖后稷子不窋曾在此教民稼穑，开辟农耕文化的先河，史称"周道之兴，始于庆阳"。区内还先后出土了侏罗纪晚期环江翼龙和世界上发现最早、个体最大、骨骼最完整的第四纪早期黄河古象化石。境内有秦直道、秦长城遗迹、北石窟雕绘等文化遗址。革命遗迹有南梁陕甘边苏维埃政府旧址、抗大七分校旧址、山城梁战役遗址等14处。文化遗址、人文景观和旅游景点多达259处。庆阳地区的皮影、剪纸、陇东道清和民歌被称为庆阳"四绝"。这些独具特色的地域文化资源是打造特色旅游品牌和特色旅游产品的坚实基础。

## （四）树立生物品种特色品牌

全区生物品种丰富，特色鲜明。主要的经济作物有油料、瓜果、烟草、黄花菜、白瓜子等，地方名贵药材有贝母、蓁芁、党参、甘草、山芋、穿地龙等40余种。区内畜禽品种多样，优良品种较多。其中早胜牛、庆阳驴、八眉猪、滩羊以及鸡、兔等是适应地方自然条件的品种优良畜禽。野生动物中鸳鸯是国家二类保护动物，梅花鹿等动物具有较高的经济价值和开发潜力。尤其值得一提的是庆阳的黄花菜和白瓜子。庆阳所产黄花菜色泽黄亮、条长肉厚、营养丰富，品质居全国之首，被国家外经贸部命名为"西北特级金针菜"，远销东南亚、日本和欧美。白瓜子品质优良，外观洁白、板大皮薄、仁厚味醇，含有人体所需多种维生素、碳水化合物、矿物质、有机酸、蛋白质、脂肪以及防癌抗癌的葫芦素等，有滋容养颜、开胃生津、润肠通便之功效，AA级出品率达80%以上，远远超过国内其他地区同类产品，远销日本、韩国、新加坡、美国等国家和地区，是一种理想的绿色食品。这些特色品种为庆阳特色名牌的创立提供了不可替代、难以仿效的物质基础。

## 第七节　庆阳市经济发展的切入点

庆阳市历史文化悠久，是先周始祖、黄河文化和中国传统农业的发祥地，是原陕甘宁边区的重要组成部分。改革开放以来，庆阳人民吃苦耐劳，艰苦奋斗，在经济社会各方面都取得了巨大的成就。但因受自然条件、资源禀赋、区位条件、历史条件以及观念等各种复杂因素的交互影响，与甘肃河西地区，以及我国中东部地区相比，庆阳依然落后，至今还属于经济欠发达地区。总体经济形势可以概括为以下几点：

第一，经济总量虽有增长，但在甘肃省的经济地位呈现出下降趋势。截至2001年年底，全区共实现GDP 62.48亿元，人均GDP达到2476元，分别相当于1980年的24.58倍和17.56倍，但在甘肃的经济地位呈现出下降趋势。第二，经济结构调整取得显著进展，但矛盾仍很突出。从1990年至2000年的10年间，庆阳市经济结构调整取得了显著效果，但与甘肃和全国产业结构变化的平均水平相比，结构调整的矛盾仍很突出。第三，居民生活水平极大改善，但仍低于甘肃和全国平均水平。从 1990 年到 2000 年的 10 年间，庆阳市居民的生活水平有了极大的改善，农民人均纯收入由 1990 年的 228 元提高到 2001 年的 1338元，但这一水平仅相当于历年全国平均农民人均纯收入的 50% 左右，2000 年庆阳农民人均纯收入比全国低 981 元，比甘肃低 157 元。第四，在山区和林区，已经初步达到温饱的农户，经常发生返贫现象，温饱工程缺乏优势产业做基础，在天灾人祸、物价上涨等因素作用下，稳定性很差。存在上述问题的原因很多，但根本的是对区情认识不深刻，战略思路不明晰，长时间找不到经济发展的切入点，结果是与周边地区的差距越来越大。

党的十六次代表大会，提出了全面建设小康社会的宏伟蓝图。结合国家西部大开发的政策支持，振兴庆阳市的经济，缩短与周边地区的差距，关键是要找准经济发展的切入点，然后真抓实干，以期见到成效。

## 一、建设"长—西—庆"经济增长带，带动周边落后区域经济发展

一是以经济规律为依据，找准经济带内的经济增长点，确定目标定位。在工业布局上以原有工业相对集中、具有相对区域优势的西峰区、长庆桥、庆城为主要经济增长点，以驿马、肖金等沿线重镇为次要经济增长点，在这些点上建设一批工业小区，吸引投资、吸引人才，注重积聚效益，带动城镇化建设。二是加强交通通信建设。首先，尽快完成西峰至庆阳一级公路建设，建设庆阳到长庆桥的高速公路，使铁路延伸到西峰区或庆城县，在较短时间内完成庆阳机场的改扩建任务。其次，搞好信息网络建设，提供各种信息，缩短与世界各国和发达地区的距离。

三是加强城镇建设步伐。西峰区要按照"高标准、现代化、强辐射"的要求，完善城市功能，增强辐射带动能力。庆城是经济带内向北辐射的重点，要进一步提高城镇承载能力，沿经济带的长庆桥、和盛、肖金、驿马、马岭五个重点镇，要加大基础设施建设力度，加快发展，提高建设水平。

### 二、营建区域比较优势，发展特色农业

庆阳市的区域经济长期处于相对落后状态，有些县域甚至在一个较长时期停滞不前，其根本原因是没有形成强大的比较优势。庆阳市今后实现经济快速发展和各项事业兴旺发达的立足之本是在全市各级各类经济组织和经济实体组织中，不仅要形成优势，而且要在纵向横向全方位对比关系和国内外市场竞争关系中，使自己的优势比其他经济主体所拥有的优势更强大。在特色产品的种植、加工，在名牌产品、骨干企业、主导产业等领域，只有组建起具有压倒性威力的竞争优势，依靠优势立足市场、占领市场、扩大市场，才能加快财富增值，把握经济发展主动权，才有条件比其他地区发展得更快。营建庆阳市比较优势的策略主要有：首先，突出地区形象优势，做好比较优势的基础性工作；其次，抓住一点重点突破，以点带线，以线带面，营造局部比较优势；最后，没有优势，创造优势，把劣势转化为优势。

### 三、外引内联、工业强市，打造陇货精品名牌

庆阳市的工业经过几十年的发展，基本形成石化、机电、烟草、轻纺、食品、医药、建材等企业群体，但仍未走出传统农业、跛腿经济、财政单一的低谷。总的特点是起步晚、数量少、规模小、基础差、成长

慢，且传统产业比重大，农产品加工能力弱，初级产品多，高技术含量和高附加值的产品少，中省企业份额大，地县企业份额小。2001年地方工业在工业增加值中仅占10%左右。总体上看，庆阳市二产中起支撑作用的是现有国有企业，地方工业普遍存在先天发育不足和后天成长不良的缺陷，发展面临诸多困难和问题。解决工业问题的思路是外引内联，组建"龙头"企业，打造陇货精品。"引"就是要引资金、引人才、引技术。在资金引进上，应放宽思路，拓宽渠道，全方位，多层次，以项目为载体，多方融资；在人才引进上，应讲实效，不图虚名，既要请进各种专家、教授进行项目评估、论证，又要引进能解决技术、质量、管理、策划、营销等具体环节中问题的人才；在技术项目的引进上，不要追求填补空白，而要注重效益，关键是要选准项目，通过多方面的引进，达到"借鸡下蛋""借梯下楼""借船出海"的效益。"内联"，就是实行城乡联合多层次开发，实行企地联合扩大带动，实行横向联合凝聚优势。庆阳市驿马镇农副产品公司、甘肃通达果汁厂等企业的成功实践，说明城乡联合开发的巨大潜力。通过企地联手，兴办配套工业企业，在帮助别人造势的同时，也能带动地方经济发展。实行横向联合，与外来资金、技术、先进管理经验相融合，凝聚优势，开发产业，兴办工业，加快发展。

创建特色品牌，打造陇货精品，有利于庆阳市形成综合优势，加强对庆阳的开发和建设，实现庆阳大开发的最终目的。创建特色品牌要树立质量观念、创新观念、自信心观念、比较优势观念。创建特色品牌的策略有自然特色品牌策略、工艺或配方特色品牌策略、地域文化特色品牌策略和生物品种特色品牌策略。

## 第八节　庆阳市乳豆项目分析

近年来庆阳市把项目引进和建设作为加快发展的重点，大力实施项目引进战略，成效显著。早在 2006 年，全市 50 万元以上固定资产投资项目 947 个，比上年增长 43.9%，投资对经济增长的拉动力达 5%。为了进一步扩大投资规模，增加投资项目，庆阳人民正在进行不懈的努力。

项目建设是招商引资的前提和基础，庆阳市经过认真筛选推出了一些符合区情有一定产业基础的招商引资项目（见表 4.1），本节试站在投资商的立场上对这些项目做些粗浅的分析。

表 4.1　庆阳市 2005—2007 年重点招商引资项目

| 项目名称 | 项目内容 |
| --- | --- |
| 大豆异黄酮项目 | 黄豆（即大豆）是庆阳市主要农产品之一，种植面积 100 万亩，年产量 7 万吨，目前境内尚无豆制品深加工企业。拟建设年产优质豆油 1680 吨、高蛋白豆粕 9840 吨、速溶低糖豆粉 1400 吨、大豆异黄酮 5 吨、豆渣高纤维食品 1000 吨、豆皮可降解餐具 1200 万只的生产线一条 |
| 合水县奶产业化建设项目 | 草地面积 113.66 万亩，其中人工种草 20 万亩，发展奶业生产条件得天独厚。现存栏奶牛达 3000 头。县内拥有古象奶业、陇东海洋三户奶产品加工企业，基本形成"公司＋农户"的奶业发展格局。"子强"牌系列奶粉、豆奶粉均获省优产品称号，市场供不应求 |

续表

| 项目名称 | 项目内容 |
|---|---|
| 镇原县杏产业建设项目 | 建设加工车间3260平方米，安装年产杏脯1万吨、杏酱0.5万吨、杏果冻0.5万吨、杏浓缩汁0.2万吨的生产线各一条，修建库房3000平方米，冷库1000平方米，办公室、实验室和职工宿舍3300平方米，建成杏园1万亩。已与西北农林科技大学达成紧密型产学研一体化合作协议，同时项目建设所需的水、电、原料充足，交通运输条件十分便利 |
| 康盛乳业年产7500吨乳制品生产线项目 | 占地50亩，总建筑面积16200平方米，存栏新西兰纯种奶牛500头，年产各种乳制品7500吨 |
| 苜蓿草块饲料加工项目 | 种植紫花苜蓿55万亩，年产鲜苜蓿180万吨 |
| 果蔬系列食品涂膜或减压真空贮藏项目 | 镇原县是一个传统农业县，栽种的主要经济作物有：辣椒10万亩、西瓜10万亩、国家外经贸部命名的"镇原金针菜"24万亩等。于2003年投资兴建，已完成建筑面积2600平方米，厂区占地20亩，水电已通 |

以上六大项目是庆阳市2005—2007年重拳推出的重点招商引资项目，这些项目按内容分为乳豆产业、杏产业、草产业和果蔬贮藏业四类，本节只对乳豆项目（包含大豆异黄酮项目、合水县奶产业化建设项目、康盛乳业年产7500吨乳制品生产线项目）加以研究，下文简称"庆阳乳豆项目"。

一般地说，项目建设依次分为"项目选择和项目设计"两个环节，本节仅分析项目选择这一环节。

### 一、项目选择分析

现代市场经济中合格的项目，应该同时具有如下八个条件：市场深远；竞争性好；规模前景好；资源供应充分；运行方法可靠；三大保护（劳动保护、公共资源保护、企业自护）充分；宏观与宇观经济（法制、社会、文化等）条件好；有较好的财务预期。

为了分析问题的方便，我们把庆阳市引进乳豆生产线的项目用以上八个条件来逐一论证，得出的结果用合格、准合格（经过努力能达到）、不合格三个指标表示。

（一）市场前景分析

1. 现实市场和潜在市场分析

乳、豆制品有广阔的现实市场和潜在市场，新鲜品可开发为婴幼儿乳品、学生早餐奶、机关单位食堂餐奶、居民家庭餐奶等，制成品可以打破时间和空间的制约在广阔的领域里开发出无数种食品、补品、饮料。随着我国人民生活水平的提高，尤其是全面小康社会的建设，我国2.6亿个家庭餐桌的食品将由过去的以米、面、馍为主逐步变为以肉、奶、蛋为主，豆、奶制品的市场需求量非常大。

2. 市场容量分析

"市场容量"是客观条件，项目的主观努力只是项目人的主观条件。只有客观上的市场容量本身就很大，在主观上的项目才有可能做大。如果市场容量本身不大，那么主观上无论多么优秀，也难有良好发展。乳、豆制品一日三餐，餐餐都能消费，男女老幼，人人都可食用，从理论上讲市场容量很大。

市场前景分析结果：合格。

（二）有可能形成较大规模的经营体

由于社会需求多，市场容量大，只要原料有保障，运行方法科学可行，乳、豆制品可以形成较大规模的经营体。以庆阳市为例，2005年总户数61.58万户，假设户均日消费乳豆品250克，则全市日总消费乳豆品153.95吨，年总消费55422吨（153.95吨×360天），相当于庆阳市拟引进3个乳豆项目的全部生产量的2.5倍多。尽管这个推断是假设的，得到的数字不能作为近期的市场销量预测值，但有一点可以肯定：乳、豆制品可以形成较大规模的经营体。

有可能形成较大规模的经营体分析结果：合格。

（三）竞争性分析

1. 抗复制能力

乳品豆品的生产不是什么尖端项目、创新项目，而是跟进项目、复制项目，属于抗复制能力弱的项目，随着农业种植、养殖结构的进一步调整，该产品有可能形成"一窝蜂"式的恶性竞争。

2. 项目门槛

一个项目的抗复制能力，就是说，这个项目至少要有一个门槛较高，可能挡住多数竞争者跟进。这个门槛，称为"项目门槛"。任何项目都有门槛，但是门槛是否有效还要看其能不能挡住大量竞争者，能挡住多数竞争者的门槛，才是项目的"有效"门槛。

庆阳市乳豆品的门槛有三个。一是豆类生长期长，日照时间长，无化学污染，原生原料质量高。奶品由于奶牛家养，以紫花苜蓿和自配杂粮饲料为主，鲜奶质量高（具体化学含量这里不做分析）。二是庆阳人食品生产理念先进，不掺水、不作假、核心原料含量充分，食品卫生安全有保障。合水"古象"牌奶粉长期以来供不应求，许多有婴儿和老人的家庭批量购买，就是因为原料的质量好，不仅味道好，还卫生安全。三是庆阳奶豆品可以形成自己的独特品牌。因为这里是传统的优质农产品示范区，几乎所有农作物都有一个共性就是产量不高，但是质量一流，这是庆阳独特的农业生态环境和传统耕作习惯决定的。这三个门槛都是"有效"门槛，但是还要继续做大量的工作，例如，处理好油田开发和环境保护的问题，加快"绿色无公害"产品的国际认证速度，提高庆阳特色品牌的营销质量等。

经过上面两项内容的综合分析，庆阳豆奶品的竞争力为准合格。

(四) 资源供应情况分析

所谓"资源"，依理说，是广义的。有人们常说的土地、厂房、设备、原料等物料资源，以及劳动资源，还有市场、竞争力、高级人才等资源。但是我们这里所说的资源，仅指人们通常说的物料资源和劳动资源。在很多项目（特别是规模较大的项目）建设中，实际还应该含有"高级人才"资源。

资源供应要有可获得性。即所需的各种资源能不能供应，能不能稳定供应，能不能以合理的成本稳定供应。在此，我们对庆阳的原料资源和人力资源做一简单评价：

庆阳市豆类原材料资源供应比较充分，"大豆异黄酮"生产线的立项依据就是该区有大量黄豆种植。奶品生产也是以资源为导向。从现有的资料分析，资源供应状况良好。但是要达到以合理的成本稳定供应的效果，还要做大量艰苦而复杂的创造性工作。例如，豆类种植的"公司＋基地＋农户"的模式没有建立起来。现在农户种植黄豆的理由有两个：一是给大田作物种植倒地茬；二是销路较好。庆阳市是一个灾害高发区，尤其以旱灾威胁最严重，企业的原料供应安全如何保障？农民的种植分险如何化解？这是亟待解决的难题。

一个好的项目，要求由一支"懂技术、会管理、能经营、善开拓"的企业技术队伍和领导队伍运行。很多投资商把"队伍"看得比"项目"更重要，宁可要"二流项目、一流队伍"，也不要"一流项目、二流队伍"。

庆阳市人力资源充分，但是专业性强的高级人才缺乏，人才的综合利用率太低，特事特聘成本太高，长期聘用不利于人才的发展，所以和大专院校搞联合是一条充分利用人才资源的好路子。

庆阳市的资源供应情况分析结果：准合格。

（五）运行方法分析

不论什么项目，其"运行"都体现在很多方面。例如，资源的获得、生产和经营组织、市场进入、运行维护、收入方法等。运行方法在技术上不明确或不可行，或技术上虽然可行，但是运行成本过高，这个项目的运行方法就不合格。庆阳乳豆品生产线项目的成功运行有两个关键环节，一是生产环节，二是营销策划。生产环节要抓住核心技术和保障食品卫生安全；营销策划要抓住特色、突出特色、宣传特色、放大特色。这两个环节的运行多数企业会陷入两个误区：一是只会纸上谈兵，不会实践操作；二是当局者迷，旁观者清，盲人摸象，不得要领。只要这两个环节抓好了，克服其他运行环节中遇到的困难时就可充满信心，游刃有余。考虑到庆阳已经具备的条件，例如，原料就近取得，产业具备一定基础，已经创出了区域性名牌产品（"古象"牌奶粉、"子强"牌系列奶粉、豆奶粉），其他运行方法要与投资商共同协商确定才能运行。

运行方法分析结果：准合格。

（六）劳动保护与公共资源保护以及企业自护

1. 劳动心理条件

劳动条件，传统是指生理条件，例如高温、粉尘、潮湿、高空等。

现在还应有心理条件，例如长期野外作业的孤独、长期家庭分离等。

2. 特殊劳动保护

例如女性劳动保护，应该有女性的"四期（经、孕、产、哺）"保护。还有"女性道德"保护，不能从事违反女性道德的项目。

3. 劳动者发展

项目应有"劳动者发展"一项，例如福利、教育、未来事业等。

4. 企业自护

企业自护也是项目设计的重要内容。例如，技术操作规程规定，食品厂周边500米内不准有污染源，实践操作还提出不准有异味源，这些就是企业的自护要求。

这一条可以判为：合格。理由是（1）庆阳市委市政府的大力支持；（2）职能部门依法行政；（3）庆阳人民热切希望投资商来庆阳投资；（4）食品工业无毒无害，不会损害庆阳员工的身心健康；（5）投资商从长远利益出发也会主动做好劳动保护和劳动者发展这些工作。

（七）财务收益预期分析

根据项目招商方的预算：大豆异黄酮项目和合水县奶产业化建设有很好的财务收益，被列为甘肃省重点招商项目。康盛乳业年产7500吨乳制品生产线项目，投资总额1800万元，年产值2100万元，实现利税749万元，是庆阳市重点招商引资项目。

财务收益预期分析结果：合格。

（八）宏观与宇观经济条件

所谓"宏观"是指政府对经济的引导和协调。而所谓"宇观"，则已经超出了"经济"范畴，是社会对经济的影响。庆阳市围绕"工业强市，项目带动"议题，开展了投资环境大讨论，得出了人人都是投资环境，处处都是投资环境，事事都是投资环境的结论。庆阳人民正以饱满的热情，科学的态度，全方位的服务接待不同项目、不同规模的投资者。为了招商工作的规范化，庆阳市制定了《引资奖励政策》《土地出让政策》《税费优惠政策》《鼓励投资政策》《国民待遇政策》《市场准入政策》等地方性政策，为来庆阳的投资商提供法律保障。

宏观与宇观经济条件分析结果：合格。

以上八项条件的分析结论汇总如表4.2所示。

表4.2 庆阳乳豆项目分析结果

| 项目条件 | 分析结论 |
| --- | --- |
| 市场前景分析 | 合格 |
| 有可能形成较大规模的经营体 | 合格 |
| 竞争性分析 | 准合格 |
| 资源供应情况分析 | 准合格 |
| 运行方法分析 | 准合格 |
| 劳动保护与公共资源保护以及企业自护 | 合格 |
| 财务收益预期分析 | 合格 |
| 宏观与宇观经济条件 | 合格 |

二、结论

（一）八项分析条件中，五项合格，三项准合格，该项目属于合格招商引资项目。

（二）三项准合格项目条件，包含着风险，运行不好就会变成不合格，该项目就属于风险和收益对称的项目，但只要方向明确、政策到位、工作扎实，三个准合格项目条件就会变成合格项目条件，该项目就是小风险大收益项目。

（三）受到项目落点各界欢迎的项目，投资商不一定感兴趣，大量私人资本在庆阳投资乳豆业要有点"拓荒"的精神，不能只给投资商算经济账，而要吸引他们到庆阳推动庆阳经济发展，带动庆阳人民致富，这是一件造福千载，恩泽后代的好事、善事。

## 第九节 庆阳香包的市场营销策略

在璀璨多姿的陇东民俗文化中，有一朵经久不衰的艺术奇葩，那就是根植于劳动人民的日常生活、传达人们美好祝福和愿望的手工刺绣品小香包。在振兴庆阳经济，繁荣庆阳文化，全面提高庆阳人民物质文化生活水平的热潮中，庆阳市各级政府把以香包为代表的民间刺绣，当作具有巨大潜力的产业予以重视。2002年6月庆阳市成功举办了首届"中国·庆阳香包民俗文化艺术节"，香包以其独特的魅力，赢得了社会各界的广泛关注。目前香包的生产和销售已成为增加庆阳农民收入，提高庆阳人民文化品位的重要产业，因此对庆阳香包的市场营销策略做点探讨是很有必要的。

### 一、庆阳香包的特点

（一）历史悠久

传说4600多年前，庆阳人的祖先岐伯总结出人类和疾病毒虫斗争的经验，与黄帝论医，据此成书《黄帝内经》。书中记载，用草药香料做成香囊，佩戴在身或悬挂于室，以抵御毒虫和疾病的侵害，世代相传，遂成习俗。

（二）内涵丰富

许多形象本身就是古老的文化图腾。有个图案叫"莲花童子"的香包，莲花表示女性，童子表示男性，暗喻阴阳结合，万物生化，是一种生育图腾崇拜。香包还是一种传情达意的礼品和男女爱情的信物。南朝陈徐陵选编的《玉台新咏》诗集记载，魏繁钦的定情诗曰："何以致叩叩，香囊系肘后。"表达诗人对香囊所传达的爱情的珍重。香包还被用作祭祀的圣物。

（三）种类繁多

从生活日用品到宇宙万物，无不通过栩栩如生的香包形象生动地表现出来，喇叭针扎、葫芦烟袋、五毒肚兜、虎头鞋、荷花帽、鲤鱼枕，应有尽有；日月河岳、毒虫猛兽、珍禽异鸟、花木果蔬，无所不包。

**二、庆阳香包的发展趋势**

一是从自娱自乐、打扮自家娃娃向商品化方向发展。改革开放以来，特别是在首届"中国·庆阳民俗文化艺术节"的推动下，人们对香包的商品意识逐渐增强，庆阳妇女开始用香包去赚钱，收入从数百数千元到数万元，大大提高了当地居民的生活水平。二是从零星分散、自做自卖向有组织的合伙制作、集中销售发展。如西峰区后官寨乡南佐村妇女马秀荣，从1999年起，就改变自做自销的传统模式，自己设计、供料，发送样品，按质论价，计件收活，辐射带动了四乡八村，为妇女增收创出了新路。三是从单一的观赏价值向观赏、实用、玩耍、托物言志等多重价值相结合的方向发展。

### 三、庆阳香包存在的问题

（一）香包文化气息淡薄

节庆期间轰轰烈烈，过后归于沉寂，带香包的时间局限在每年农历五月初五前后几天，带香包的娃娃年龄一般在八九岁以下，稍大一点的娃娃和大人就不再带了，走进庆阳人的家里，客厅没有绣轴和其他刺绣挂饰，桌子上也没有香包摆饰，一般的家庭都没有收藏香包方面的精品和珍品，平常在庆阳感觉不到浓郁的香包文化气息。

（二）在外界知名度太低

受各种媒体的影响山东潍坊的国际风筝节几乎家喻户晓，但庆阳的香包节知道的人比较少，外界很难把庆阳和香包有机地联系起来，庆阳的香包制作者也没有把产地、制作者、制作日期标识在香包上，限制了对香包的宣传。

（三）制作工艺退化

最近几年在香包市场上充斥着不少设计粗俗、布质低劣、针工粗糙的商品，也有的以贴布、染色代替手工刺绣，精工制作的乡土气息大大弱化。

（四）设计没有突破，没有形成系列

庆阳香包尽管种类繁多，但千百年来总是那些传统式样年年制作，年年上市，在设计上没有形成人物、山水、神话故事等分类系列，本地消费者产生不了新的购买欲望。

（五）设计人才青黄不接

设计制作人才的培养仍然延续师父带徒弟的方式，且这些人才多数都文化素质比较低，局限性比较大，跟不上时代前进的步伐，香包生产后继乏人。

**四、庆阳香包的市场营销策略**

第一，大力营造香包文化氛围，把庆阳市营造成"香包市"。首先，从市容到居室都要散发出香包气息。城市建筑物的设计、广告牌的式样、街灯的式样，甚至街旁果皮箱的式样都要和香包式样结合起来，会议室里布置严肃的壁挂和摆饰，家庭客厅里布置和主人情趣相投的壁挂和摆饰，卧室里布置和主人年龄相仿的香包壁挂和摆饰。其次，不分男女老幼人人养成随身佩戴香包的习惯。试想如果人人佩戴一个体形较小、色彩绚烂、针工精细、设计精巧、香味四溢的香包（平常可以佩戴在衣服里面），那庆阳市的香包气息该是多浓厚呀！客人到庆阳开会初来乍到先送一枚香包，游客到庆阳住店刚一登记先给他们佩戴一枚香包……全方位、多层次、宽领域地营造香包氛围。最后，各旅游景点、文化展厅都可以随门票配送精致香包，并要有销售的香包。经过多方营造，使外地人一到庆阳就强烈地感到：这里是香包的故乡，香包的根在庆阳。

第二，把香包产品的图案设计与庆阳的文化紧紧联系起来。庆阳市有悠久的历史，是华夏文明的发祥地之一，我国第一块旧石器就是在华池县发现的；人文始祖黄帝同北地人（今庆阳人）岐伯论医，后人整理成《黄帝内经》传于今世；周先祖"奔戎狄之间"（今庆阳一带），创造了光辉灿烂的先周文化；东汉思想家王符，魏晋文学家哲学家傅玄、傅咸，明代文学家李梦阳，都与庆阳丰厚的文化底蕴有很大的关系。这里的文物古迹多不胜数，尤其是庆城县出土的"环江翼龙"，合水出土的"黄河古象"化石，为世界瞩目，还有新旧石器时代各类文化遗址九百多处。秦长城、秦直道、古烽燧等遗迹从全国范围来讲也是罕见的，汉唐以来的文物故迹那就更多。这里的民间文化绚丽多彩，皮影、剪纸、陇东道情、民歌堪称庆阳"四绝"。这些和香包一样都是庆阳的特色文化，也是人类文明的一部分，把香包的式样、图案设计与庆阳的特色文化紧密联系起来，更能增加香包的文化底蕴和庆阳特色，拓展香包的文化内涵，延伸香包的文化渊源。

第三，分门别类开发香包产品。香包是香包文化产品的统称，它还包括刺绣和以刺绣为针工的服饰、摆饰、挂饰等，开发领域非常广阔，只要我们以某种指标为标准去研制和生产就会发现香包产品种类繁多，香包文化博大精深。例如，以用途为标准就可以开发下列产品：（1）室内装饰品——绣轴、挂饰、摆饰；（2）红白喜丧事礼用品——绣幛、绣匾；（3）服饰——刺绣旅游服、刺绣休闲服、刺绣唐装、绣鞋、绣裙；（4）避邪品、吉祥品——龙蛇虎豹、蝎蟾蜈蚣、十二生肖；（5）旅游用品，色彩斑斓，包罗万象。

第四，培养新一代香包制作人才。要把庆阳香包作为一种产业来发展，长兴不衰，关键是要培养新一代香包人才。以庆阳市现有的文化机构和艺术人才为基础，以陇东学院、职业中专等为基地，开设刺绣专业和营销专业，讲授香包设计、刺绣针工、市场营销等课程，在年轻有文化的青年中培养见识广博、构思精巧、手工精细、营销有方的香包人才。制定民间刺绣师、设计师评定办法，建立评定机构，使香包人才的培养和管理规范化。

第五，每年推出数量极少、收藏价值较高的精品、珍品系列，向全社会竞价出售，争取庆阳香包进入收藏家的展室、省宾馆、国宾馆、人民大会堂。

第六，用拉引与推动两种策略扩大销售。拉引策略就是通过制造名人效应、收藏效应等，在社会上形成一种以张挂、摆置、赠送、收藏、佩戴香包为高雅时尚的社会风气，从而带动香包的生产和销售。推动策略就是在全国各地建立批发中心和零售网点，通过层层推销的方法扩大销售。

第七，在庆阳香包的设计与制作中始终要把握古老、稚拙、朴实的原则，这是庆阳香包的特色，也是庆阳香包的灵魂，一旦失去了这个灵魂，庆阳香包将会失去活力。

# 第五章

# 庆阳市发展能源旅游产业的对策研究

## 第一节 整体推进庆阳市能源产业发展的对策研究

**一、庆阳市能源资源具备建设大型能源化工基地的后发优势和潜力**

鄂尔多斯盆地北起阴山、大青山，南抵秦岭，西至贺兰山、六盘山，东达吕梁山、太行山，总面积37万平方千米，是我国第二大沉积盆地。从盆地油气聚集特征讲，鄂尔多斯盆地号称"半盆油、满盆气、南油北气、上油下气"。鄂尔多斯盆地蕴藏的石油总资源量超过100亿吨，石油勘探开发的前景广阔。这里蕴藏着丰富的煤炭资源，是世界上少有的几个巨型聚煤盆地之一，煤炭保有储量3654.17亿吨，占全国总储量的38.8%，已探明煤炭储量3667.08亿吨。2007年煤炭产量达到12.295亿吨，占全国总产量的50%左右。

庆阳地处鄂尔多斯盆地西南部，具有鄂尔多斯盆地能源富集的自然禀赋。庆阳境内石油天然气总资源量40亿吨，占鄂尔多斯盆地总资源量的37%；煤炭资源预测储量2360亿吨，占甘肃全省预测储量的96.4%，占鄂尔多斯盆地煤炭资源预测储量的11.8%，占全国煤炭资源预测储量的4.23%。其中埋深小于1000米的预测储量190亿吨，煤层气预测资源量13588亿立方米，占鄂尔多斯盆地中生界煤层气总资源量的30%。截至2009年3月底，全市已查明煤炭资源量达到103亿吨，占鄂尔多斯盆地已查明煤炭资源量的2.03%，占全国已查明煤炭资源量的0.79%。

## 二、能源产业在庆阳市经济发展中发挥着十分重要的作用

近年来庆阳市经济社会能够保持发展加快、结构优化、效益提高、民生改善、和谐稳定的良好态势，与工业发展特别是以石油煤炭等能源开发力度不断加大有着密切联系。

### （一）能源产业开发提升了地区经济总量

2007年庆阳市工业增加值为107.86亿元，占GDP的53.89%，规模以上工业增加值为102.65亿元，其中石油开采和化石产业实现工业增加值95亿元，占全市工业增加值的88%，规模以上工业增加值的92.55%，GDP的47.47%；全市财政大口径收入26.06亿元，其中长庆油田企业完成税收16.29亿元，占62.51%。石油开发已成为拉动庆阳经济社会大发展、快发展的支柱产业。

### （二）能源开发促进了地区经济发展

能源开发为农村剩余劳动力转移提供了就业岗位，庆阳石油勘探开发的大部分基础设施工程是由当地群众承包建设的，在长庆油田企业就业的庆阳籍人数也很庞大。能源开发聚集了人群，刺激了社会消费，推动农业结构调整，拉动了民营经济和服务业的发展。庆城马岭、环县曲

子等油田勘探开发的重镇，集市都比较繁荣。能源开发企业每年还以捐赠、参与实施等形式，投入一定的资金参与地方植树造林、抗旱救灾等农村建设，扶持地方发展。

### （三）能源开发推动了基础设施建设

庆阳市基础设施建设滞后，特别是交通方面，更加欠缺。石油开发以来，油田企业投资数亿元，修筑了上千条乡村道路，建设了一批教育、医疗等公共服务设施，极大地缓解了部分农村群众行路难、就医难、上学难等问题。随着能源开发不断推进，西长凤高速公路、西平铁路、长青铁路、宁长运煤大通道、矿区水利和电力工程等一批重大项目的实施，将有力带动全市基础设施建设。

### （四）能源开发可以带动中小企业的发展

庆阳市是一个农业大市，工业基础薄弱，总量很小，从20世纪70年代开始这一带成为长庆油田的主产区，但除石油开采外，无原油深加工和拉长原油产业链的企业，庆阳市至今没有形成一定的工业基础。近30年来庆阳市各级政府和人民群众为本市的发展做了大量艰苦卓绝的工作，但终因工业基础过于薄弱，事倍功半，已经建成的一些民营中小企业步履维艰，形同"孤岛"。随着石油煤炭的批量开采和大型石化基地的建设，庆阳市发展工业的环境会极大改善，为地方中小型企业的发展提供大量的投资机会，可以繁荣地方经济、增加财政收入、增加工作岗位、改善群众生活。

**三、庆阳市发展能源产业的制约因素**

### （一）水资源短缺

庆阳市地处黄土高原残塬沟壑区，属全省较为干旱缺水地区。全市河川多年径流量只有14.50亿立方米，其中入境水6.70亿立方米，几乎占径流量的一半，而自产水仅为7.80亿立方米。水资源人均占有量360立方米，是全省人均水量的25.70%，全国人均水量的13%。按照国际标准，人均水资源量2000立方米为严重缺水边缘，人均1000立方米为人类生存起码要求。从数字可以看出，庆阳市人均水资源量远远低于国际上满足人类生存的最低要求。就是和周边地市相比，庆阳也处于劣势。庆阳市每亩耕地占有水量110立方米，是全省的18.30%，是全国的6.02%。偏枯年水资源更为贫乏，径流总量10亿立方米。在有限的水资源中，由于马莲河上游约2500万立方米的苦水汇入河道，造成整个干流4.75亿立方米的水不能利用。全市地下水动储量已基本开采，静储量限于目前开采技术、成本等问题，难以充分利用。天然降水是庆阳的唯一补给水源。虽然年均降水500mm左右在北方地区属中等水平，但受季风影响，分布不均，年内年际变化大，降水主要集中在夏秋季，7—9月降雨量占全年降水量的58.50%，且多以暴雨或雷阵雨出现，难以充分利用，导致春旱、伏旱频繁发生。西峰、宁县、合水、华池、环县县城每年夏季都闹水荒，都要实行分片限时供水。缺水已成为困扰庆阳市经济社会发展和人民生活最为严重的问题。

（二）交通不便

庆阳市至今不通火车，也无直达高速公路和过境高速公路。庆阳市位于陕甘宁三省交会处的三角地带，形似陆地半岛，北有广袤无边的毛乌素沙漠，与隆起的羊圈山一道形成"北阻"大沙漠，东有子午岭山脉所环绕，西北被六盘山脉所隔阻，形成北高南低的"死三角"。唯一的东南大出口是西峰—长庆桥—长武—彬县—乾县—礼泉—咸阳—西安。市内交通问题也很多：第一，县乡道路桥涵等基础设施不配套。从道路特征来看,有10%路段穿越县(区)乡镇,路市(街道)不分;70%的县乡路缺桥少涵,无排水防护设施,抗御自然灾害的能力弱;40%的县乡路晴通雨阻,路面铺装率低,致使交通不畅,事故率高,社会效益差。第二,县乡公路管养困难。境内县乡公路点多,线长,项目小,数量多,路况差,维修保养效果很差,无法彻底处置,需要重铺或罩面,面临着油路退砂路的危险。一是没有充足的养护资金,致使多数公路处于缺油少石的"饥饿"状态;二是缺少必要的养护机具,大量的养护工作只能靠繁重的体力劳动去完成。第三,技术和管理人员匮乏,管理不到位。第四,公路建设资金不足,自身发展能力不足和支持保障力度不足。庆阳市经济落后,各县财政困难,赤字严重,筹、融资能力差,许多农民尚未脱贫。公路建设资金除靠国家投资、贷款修路、民工建勤修路筹措外,基本上再无投资渠道。公路建设地方配套资金奇缺,征地拆迁、筹措建设资金难度很大,影响公路建设进程。

(三)城市起点低、规模小、设施老化、容量有限

西峰区为庆阳市政治经济文化中心,历史悠久,文化底蕴深厚,但长期以来没有得到很好的发展,城区建设不合理,基础设施不完善。改革开放初期,庆阳城区面积仅1.8平方千米,1985年,西峰城区面积不到5平方千米,只有4条街道和19条小巷。2002年庆阳撤区设市,西峰变西峰区,现在的西峰区城区面积达到25.44平方千米,城市人口也达到了13.4万人。但是老城区建设品位不高,改造和管理工作滞后,市政公用设施容量小、老化严重、功能不全,脏、乱、差的问题突出;新城区规划编制和前期工作不到位,基础设施建设没有跟上,严重影响了城市建设的快速健康发展。从当前市区建设的实际来看,问题较多,例如:第一,重地面建设,轻地下建设。每年我们都能看到"开膛破

肚"的现象，今天埋这样一条管线，明天埋那样一条管线，管线的埋设无秩序可言。第二，重主街道建设，轻小街小巷建设。主街道给人的城市印象还不错，但小街小巷凌乱窄小的状况长期得不到改变，群众生活极为不便，与主街道有较大反差。第三，重机动车道建设，轻人行道建设。近年开辟了多条街道，方便了机动车辆的行驶，但人行道建设滞后，人性化得不到很好的体现，非机动车和行人行走不便，只好人车混行，交通秩序混乱。第四，重功能分区，轻混合布局。商务区、生活区布局不够合理，小十字周围商务区集中，堵车现象已经出现，交通压力增大，而其他社区相对缺乏活力。第五，重城内规划，轻向农村辐射。城市公共服务向城郊的延伸相对缓慢，城郊农村居民享受不到方便的城市公共服务。第六，重建设，轻管理。一些工程设计甚至从不考虑城市管理的方便与否，给后期管理造成很大困难。比如停车场的问题、小商贩的市场问题等。

（四）城市品位不高、魅力不强、亮点不亮、缺乏吸引力和凝聚力

文化有着强大的凝聚力和创造力，是一个城市的灵魂，文化传递着一座城市中人们的情感和愿景，反映着一个城市的品位、个性和魅力。一个城市只有实现经济与文化同步发展，协调发展，才会更加和谐，更加健康，更能持久永续地进步。正因为如此，文化从来没有像今天这样受到社会广泛关注，也从来没有像今天这样对一个城市经济社会发展产生如此重要的影响。有人说庆阳是农耕文化之乡、香包文化的发源地、荷花舞之乡、皮影道情之乡、手工剪纸之乡，是最具人文魅力的西部名城，等等，但这些亮点没有采取有效的整合策略和营销措施，在市内没有形成凝聚力和生产力，因此在外界没有多大的知名度。

庆阳市区至今没有一所面向广大市民的图书馆和阅览场馆，没有一

片供市民健身的篮球场、足球场，没有一个福利性的羽毛球、乒乓球场馆，城区连一亩地的整块公共绿地都看不到，找不到一处群众休闲广场，只有在夏日的早上和晚上可以看到一些老职工集中在市委门前的小停车场做做健身操。由于没有给普通市民提供健康有益的文化生活场馆，多数庆阳市民的文化生活很简单，就是打麻将、看电视、玩网络游戏。

**四、整体推进庆阳市能源产业发展的对策**

（一）引进大集团、筹建大企业、搭建起庆阳市能源型城市的大骨架

庆阳市是一个传统农业市，工业基础薄弱，不具备建设现代化工业城市的基础条件，也没有连带作用强的大企业，因此以能源产业的发展为方向引进大集团、筹建大企业、搭建起庆阳市能源型城市的大骨架，是整体推进庆阳市能源产业发展的首要对策。事实上从2006年开始省市两级政府已经做了大量的工作，基本框架已见端倪。目前，我市能源开发的战略蓝图已经绘就，重点开发四种能源（石油、煤炭、天然气、煤层气）、发展四大产业（石油化工、煤化工、精细化工、煤电）、打造四个集中（宁煤电产业集中区、西峰石化（炼化）天然气精细化产业集中区、长庆桥煤化工产业集中区、沿环江油煤气电化材工业集中区）、建成六大基地（千万吨原油生产基地、千万吨石化炼油基地、亿吨很大型煤炭生产基地、千万千瓦装机容量煤电基地、千万吨煤化工生产基地和十亿立方米天然气与煤层气生产基地）的能源开发思路已经确定。沙井子煤田、宁南煤田、正南煤田等九大重点区块勘探开发已取得突破性进展，长庆油田、华能集团、华北油田、延长油田、宁夏万胜

集团等一批实力雄厚的国内大中型企业集团已进入市县参与能源勘探开发，为庆阳大发展带来了前所未有的机遇。

庆阳煤炭开发目前的规划是，"十一五"期间，开工建设煤矿六处、规模2190万吨/年；"十二五"期间，开工建设煤矿九处、规模5700万吨/年，到"十二五"末煤炭产量达到6390万吨/年；"十三五"期间，年开工建设煤矿三处、规模3000万吨/年，到"十三五"末煤炭产量达到1.089亿吨/年。同时，在"十一五"期间，开工建设燃煤电厂一处、装机容量150万千瓦；"十二五"期间，开工建设燃煤电厂三处、装机容量450万千瓦；"十三五"期间，扩建燃煤电厂四处、装机容量1200万千瓦，新建煤层气发电厂1处、装机容量156万千瓦；到"十三五"末火电厂装机容量达到1956万千瓦，同时开发建设年产580万吨煤化工和煤建材、煤层气开发利用等项目。

截至2010年6月底，庆阳市已成功出让了四座煤田的采矿权，华能集团、宁夏万胜、唐山嘉华、华亭煤业集团等全国煤炭开发巨头都来抢滩庆阳，庆阳迎来了新一轮的经济开发热。目前庆阳收回矿业权出让价款9.9亿元，其中市、县财政收益资金达5亿多元。

（二）协同周边省区、争取国家立项、彻底解决庆阳市交通问题

交通不便是制约庆阳工业发展的主要因素。庆阳市在交通上是陕甘宁三省交界处的"死三角"，解决庆阳交通问题必须从大处着眼，争取国家立项，财政出钱，把庆阳尽快纳入全国铁路网和高速公路网，具体思路是：第一，修一条纵贯庆阳市南北的铁路大动脉，南下和陕西省的西安市接通，北上和宁夏回族自治区的银川接通。第二，在庆阳市中部修一条横贯东西的铁路，东边和陕西省的铜川或延安接通，西边和宁夏的固原接通，以西峰为中心从四个方向和全国的铁路网连接。第三，按

照同样的思路以西峰为中心建成纵贯庆阳市南北和东西的高速公路网，可以和铁路线并行或者拉开水平距离，出境和全国高速公路主网络连接。第四，完成县通乡、乡通村、村村通公路工程，不断提高公路等级和质量，这是彻底解决庆阳交通问题最基本、最起码的工程。目前有些工程已经分节段开始实施，例如，西（西峰）—长（长庆桥）—凤（凤翔路口）高速公路工程已全面展开，西（西峰）—雷（合水雷家嘴）高速公路进入论证阶段，但是距离我们上面提到的"最基本、最起码的工程"框架差距还很大，其他项目和路段一定要抓紧论证、抓紧审报、抓紧修建，不能等、不能靠，慢不起、拖不起。

（三）修建区域性水利工程，分区域解决工业用水和生活用水

庆阳市缺水是不争的事实，但是只要科学规划、合理使用，前瞻性地修建区域性水利工程，在庆阳建设大型能源工业的用水是可以保证的，具体分析如下：

在长庆桥建设煤化工工业园区有泾河的水可以利用，泾河是黄河上游最大的支流之一，水量丰富，尽管近年来水量稍减、河床变窄、污染加剧，但支撑一个工业园区的用水量是有保障的。

宁南煤田所在地宁县年平均降水量572.1毫米。子午岭沿线的东部地区为最多，其年降水量可达600~630毫米；向西逐渐减少到境内董志塬的东坡焦村、坳马等乡为最少，年降水量约500毫米；向南降水又有明显增加，到泾河川区年降水量550毫米左右。正南煤田矿区南临泾河，东临四郎河，北临无日天沟，是水资源相对富裕的地区。为满足采矿和煤电化工业用水需求，一是在泾河东岸正宁段的周家乡车家沟建砼重力式溢流坝一座，日取水量8万立方米，年取水量2160万立方米，水质、水量均可满足非大汛期9个月用水需求（泾河年平均径流量为

7.29亿立方米，为与正宁相邻的最大河流），在矿区北侧建无日天沟调蓄水库一座，库容950万立方米，年取水量720万立方米，以保证大汛期3个月洗煤等工业用水。二是利用矿井废水。可建一座废水截留坝，坝容1200万立方米，拦蓄提取矿井废水，进行处理后成为工业生产用水，以缓解干旱缺水。三是循环利用水资源。建一座日处理4万吨的污水处理厂，用于矿区生活废水、矿井废水、工业废水的深度处理，并使之循环利用，保证洗煤、煤电、煤化工等工业用水和生活用水。

西峰巴家咀水库和南小河沟水库的蓄水量大，可供西峰石油化学工业园区用户用水和董志塬区城乡人民生活用水。

合水西部煤田可以用地下水、中小型淤地坝工程水（甘肃省合水县在马莲河试行一期项目、玉皇沟试点坝系工程中共建设淤地坝65座）、庆阳市正在论证跨流域引水工程——引葫芦河水供合水县城、华池县城、西峰区。

（四）拓展城市规模、提高城市品位、按现代化城市的标准修建城市，管理城市

1. 确立城市建设的总体思路"一轴、二心、三带、四湖、五区"

"一轴"，就是把南北大道作为全区发展的总轴线。"二心"，就是建设新城区行政文化中心和旧城区市级商贸中心两大中心。"三带"，就是构建东部生态旅游带、南部生态隔离带、西部生态绿化带三大生态屏障。"四湖"，就是建设东湖、西湖、南湖、北湖四大城市水榭。"五区"，就是着力打造空港农产品加工区和汽车城、科教创智园区、能源化工区、商贸物流区、绿色农业示范园区五大区块。

2. 挖掘旧城区开发潜力，旧城区开发潜力大

西大街以北的大片城区都是城中村，多为不规则独院、两层以下临

时建筑，道路狭窄、卫生条件差，一到冬季家家生火炉，户户冒浓烟，既不利于辖区居民生活，又占据市区黄金地段，急需对城市空间进行大规模高层次开发。

3. 在旧城区建设立体型交通框架

旧城区道路拥挤，人流高峰期堵车时间长，学校、医院对面没有立交桥、地下通道，交通事故多，群众意见大。建设立体型交通框架，可以有效缓解旧城区的交通拥堵现象。

4. 编制和实施北区开发规划

新区规划集中在南部，放弃了旧城区北区开发似有不妥，按照现在的布局，市直党政部门及生活区、油田机关及生活区、煤炭机关及生活区、石油化工区都往南开发区布局修建，其实西峰区地形北高南低，风向常年刮偏北风，可以把地方政府放北部，能源企业放南部，或者把以写字楼为主的办公区向北规划，把以石油煤炭为主的煤电煤油化工区向南规划，政府机关和引进的企业保持适当距离，便于相互协调，互利双赢。

## 第二节 能源型城市演化规律研究

### 一、能源型城市的含义与特征

能源型城市是指依托煤炭、石油等能源资源开发而兴建或者发展起来的城市。在这类城市的经济总量中，能源资源的开发及加工业往往占有主导地位。能源型城市在发展过程中具有几个鲜明的特点：一是对能源的高度依赖性；二是能源开发成本的递增趋势；三是能源性企业对城市发展影响大；四是城市空间结构分散；五是对生态环境的破坏性很大。

由于能源资源是无法再生的，不可避免地会走向枯竭，开发水平越高，走向枯竭的速度越快。随着开发程度的加深，开发成本不断上升，比较优势和竞争力逐步丧失。加之资源产业是当地的支柱产业和经济发展的源泉，资源开发的专业性强，产业队伍的就业弹性低。因此，资源型产业的走势决定了能源型城市发展的命运，一旦资源型产业开始衰退，将不可避免地影响到能源型城市的发展。

## 二、能源型城市的生命周期

能源型城市的发展阶段可分为成长型（青年期）、鼎盛型（中年期或壮年期）和衰竭型。按照产业兴衰转化的一般规律，任何产业都要经历形成期、成长期、成熟期和衰退期四个阶段，资源型产业也不例外。就国内的许多能源型城市而言，资源产业已走过成熟期。根据中国矿业协会统计，目前我国有390多座以采矿为主的能源型城市，其中20%处于成长期，68%处于成熟期，12%处于衰落期。全国现有400多座矿山已经或者将要闭坑，50多座矿城资源处于衰减状态，面临着严重资源枯竭的威胁。宁夏石嘴山市因矿区资源枯竭已将仅有的两个县级矿区撤并，甘肃玉门市因资源枯竭由地级市降为县级市，原来的城市中心区玉门镇也走向衰落，云南省东川区已撤市设为昆明市东川区，它们是我国西部33座能源型城市的缩影，因资源而兴，又因资源而走向衰退。因而，探索能源城市演化规律，研究和借鉴发达国家经济转型的经验与教训，对推进我国能源城市经济转型有一定的理论与实践价值。

### 三、我国能源型城市面临的问题

新中国成立前的近代矿业能源城市有 22 座，但能源城市兴起和发展的高潮，是由于新中国成立后我国推进大规模经济建设和工业化进程，对资源需求急剧增加才形成的。能源城市的兴起不仅加速了我国城市化进程，而且为国家发展做出了重大历史贡献。但从 20 世纪 80 年代中后期开始，我国越来越多能源城市的资源开发相继进入衰退期，"矿竭城衰"的严重威胁逐步凸显。应该说，能源城市可持续发展能力面临巨大挑战是我国经济长期粗放增长与不合理的资源开发模式共同作用的必然结果，是近年来我国经济社会发展面临的资源压力与生态环境约束日益严重的一个集中反映。

尽管我国能源城市衰退的原因是多方面的，但主要问题在于计划经济体制的累积性影响上，在于资源开发历史补偿机制的缺失上。在计划体制下，国家为优先发展重工业，在资金短缺、外汇短缺、经济剩余少以及可供出口产品少的窘境下，对矿产资源的配置先后采取了无偿调拨与低价调配政策，而能源城市所必需的域外制成品又以高价调入，造成能源城市"双重失血"。如 1993 年，工业固定资产的平均收益率为 15.2%，煤炭、石油工业不到 2%，饮料工业达到 30%，烟草工业达到 178.49%。

### 四、我国能源型城市可持续发展的路径选择

（一）战略转型

1. 要根据资源产业特殊发展规律适时全面启动转型

资源产业一旦到了衰退或衰亡阶段再被动转型，不仅城市经济的可

持续发展和社会稳定面临考验，而且转型的成本和风险将急剧增加。科学的选择是在资源产业成熟阶段就应着手渐进转型，或者在开发或成长阶段就未雨绸缪地预先转型，以规避将来可能出现的种种问题。对已经衰退的能源城市，则应抓紧在试点基础上探索建立资源开发的历史补偿机制，以期将资源枯竭城市的产业转型尽快由点到面地推开。

2. 要根据城市综合条件因地制宜地选择接替产业

一般而言，接替主导产业的选择与能源城市发展的战略定位是高度重合的，需根据城市发展的综合条件先制定科学的城市发展战略，再在这一框架下，因地制宜地选择接替主导产业。调整和优化地区产业结构，受到自然条件、经济条件和社会条件等诸多因素制约，接替产业的选择，也不能忽视这些制约因素。

3. 坚定不移地推进改革开放，为转型提供体制保障和环境支持

体制改革是我国能源城市经济转型能否成功的关键。政府主导要受市场调节的约束，违背市场规律的政府主导就会事倍功半。法国、德国等欧盟国家和日本都强调政府对转型的主导，都有过不顾国内资源产品在国际上已丧失竞争力的基本事实，企图通过采取价格补贴、进口配额等措施来挽救衰退资源产业，但多数事与愿违且代价沉重。因此，为保证政府的正确主导和转型战略成功实施，有必要通过体制改革来创造市场机制能充分发挥作用的宏观环境。从加快开放来讲，要通过深化对内对外开放，充分利用全球化趋势下的国际国内产业结构战略性调整和梯度转移的历史性机遇，既克服我国能源城市生产要素和经济资源供给能力薄弱等导致的内生发展能力不强的问题，又为即将成形的接替主导产业提供开阔的外部市场空间。

(二) 转型对策

1. 产业结构：淘汰落后产业、改造传统产业、发展接续替代产业

其一，主动退出那些污染重、没有区域比较优势的产业。其二，对仍具竞争优势的传统资源产业积极用先进技术进行改造升级。如德国鲁尔的煤、钢两大传统产业，通过政府大力资助和整合改造，生产集约化程度和产业竞争能力得以提升，至今鲁尔仍然是德国乃至欧盟的重要煤、钢基地。其三，将有基础的非资源型产业做大做强为支柱产业。其四，在资源产业基础上发展接续产业，拉长产业链条。也可以考虑对伴生资源、共生资源和废弃物的综合利用。休斯敦在产业转型中，先是依托原有资源优势延伸和拓展产业链，形成了石化产业集群。当20世纪60年代石油开采开始滑坡时，休斯敦由于石化产业群已经形成，城市发展并没有因此而减慢。随着石油化工业的发展，城市功能逐步完善，电子信息、仪器仪表、精密机械等行业以及第三产业发展迅速，休斯敦逐步演化成了综合性城市。其五，发展新兴非资源产业，进行新产业植入。在规划资源型产业结构时，除从存量产业上想问题外，还可以瞄准世界市场发展趋势，前瞻性地发展既有国际市场前景又有本地比较优势的新兴产业，比如高新技术产业、环保产业和旅游产业等。以洛林为例，面对已丧失竞争力的煤炭和铁矿开采业，法国政府采取了一系列措施来促使替代产业的发展。发展汽车产业时，洛林首先引进了雷诺汽车公司在此投资建厂，并促进了大量配套企业在当地发展，进而吸引其他的汽车公司建厂。经过这种良性循环，洛林的产业转型取得了明显成效，汽车、电子和塑料加工已经取代了传统的煤炭和铁矿开采业。

2. 城市形象与功能：强化环境整治、生态保护和基础设施建设

经济转型要协同推进"现代城市化"与"城市现代化"。近二三十

年来，第三产业替代第二产业成为城市发展新动力源的趋势越来越明显，并且城市发展也由以城市化为主的量变阶段向以城市现代化为主的质变阶段过渡。尽管城市作为经济发展的载体，具有重要的经济功能，但城市空间应该是经济空间、社会空间和生态空间的三维重合。如果在能源型城市的转型问题上，还像过去一样重生产、轻生活，先污染、后治理，重增长、轻发展，片面追求经济的高速发展，从而进一步恶化了原本脆弱的生态和原本恶劣的环境，基础设施建设仍然高度滞后，那么这样的转型就绝对不是成功的转型。鲁尔地区在转型过程中高度重视环境保护、生态保护和基础设施建设，这很值得我们借鉴。

3. 产业组织：既要促大，又要促小，打造有活力的区域产业集群

在全球化竞争的当今时代，国际经济实践及新国际贸易理论、新产业区理论和新竞争理论这三方面理论都指向了区域产业的集群化发展，从而对能源城市的经济转型提出了推进战略性区域产业集群的现实要求。一是要促进大企业集团的建立，培育地方经济成长的火车头。竞争力强、发展迅速的大企业往往能成为带动一个地区经济成长的龙头。如1969年，德国鲁尔区原26家煤炭公司联合成立的鲁尔煤炭公司，如今已发展成年销售额达127亿欧元的鲁尔集团股份公司，是德国企业50强之一和世界企业500强之一，并形成了煤炭、化工、电力、电子信息、新型建材等多元格局。二是要促进中小企业发展，增强区域经济发展活力。要在积极建立大企业集团和争取大型企业进驻的同时，大力发展中小企业，为大企业提供配套服务，形成产业聚集和企业网络，提高区域竞争优势。企业在初创阶段最需要政策、环境的呵护。因而，为推动和促进中小企业的更快发展，要综合运用诸如提供创业资助、支持技术进步和创建企业园囿等多种政策措施。

4. 科教培训和社会保障：依靠科技进步，提高工人素质，完善社保制度

要依靠科技教育来放大能源型城市经济转型的物质动力，能源城市经济转型必须走新型工业化道路。按照这一要求，经济转型需紧紧依靠科技进步，将之与资本投入相结合，用科技力量放大经济转型的动力，推动经济转型步伐。另外，科技创新和教育发展也是城市经济结构优化升级的根本标志之一。要加强职业技术培训，促进再就业和再工业化。职业培训可以提高传统产业工人的素质和技能，从而为产业结构调整和新兴产业发展准备条件，如法国洛林，针对传统产业从业人员文化素质低、业务技能单一、难以适应工业转型和新兴产业发展需要的实际，政府区分情况组成了若干培训中心，创造性地对转岗工人进行培训，培训费由国家支付，培训期间受培训者可领取70%的工资，由企业支付。大规模的职工培训成为法国妥善安置职工就业的重要政策措施和有效方法。因此，洛林地区创造了一个奇迹：除转型初期外，整个转型过程中其失业率一直低于全国平均水平。

**四、庆阳城市可持续发展的理性抉择**

（一）庆阳城市的定位

庆阳是甘肃的石油天然气化工基地，长庆油田的主产区，石油资源储量为28.47亿吨，西峰油田已探明三级地质储量达4亿多吨，开发前景极为广阔。煤炭贮量1342亿吨，占全省预测储量的94%。浅层资源量达84亿吨，具备亿万吨级大煤田的建设条件。

庆阳是甘肃省的优质农畜产品生产基地，是全国最大的杏制品生产、加工基地，全国规模最大的白瓜子仁加工出口基地，全国品质最

优、发展面积最大的黄花菜生产基地，国家特产经济开发中心确定的全国特产白瓜子、黄花菜示范基地，庆阳市驿马镇被称为西北地区最大的农副土特产品"旱码头"，每年有大量的农副土特产品销售到全国各地。

庆阳是中国刺绣香包之乡、道情皮影之乡、民间剪纸之乡、荷花舞之乡、中国民俗文化及民间工艺美术调研基地、民居窑洞之乡、周祖农耕文化之乡、中国民俗艺术调研基地。尤其是庆阳的香包以其古拙质朴、富有原始文化韵味和手法奇特而受世界人民喜爱，远销美国、日本、新加坡等50多个国家和地区。2007年庆阳生产各类香包民俗文化产品约550万件，年产值达1.54亿元，仅在庆阳端午香包民俗文化产业博览会上，销售额就达5660万元。

因此庆阳是具有广阔发展前景的能源型城市，全国有名的特色农产品生产、加工、出口城市，最具艺术气质的西部名城和发展潜力巨大的文化艺术城市。

（二）庆阳城市的发展策略

1. "三产"并举，全面发展

"一黑（石油、煤炭）一绿（绿色农业）一文（民俗文化）"三大产业，重点建设陇东能源石化基地、农畜土特产品生产加工创汇基地和以历史文化、民俗文化、红色革命文化为重点的旅游胜地"的发展思路，完全符合庆阳实际的发展战略，不可偏废，更不可忽视任何一个产业。"黑色产业"是庆阳发展的助推器和庆阳腾飞的踏跳板，"绿色产业"是庆阳的传统产业，更是庆阳的朝阳产业，文化产业不仅给庆阳人民增加收入，更体现了庆阳人民对中华民族文化瑰宝的珍藏、传承和发扬光大的博大胸怀。

### 2. 科学开采，就地加工

石油和煤炭资源的开发量既要尊重国家能源开发的总战略，又要充分考虑到庆阳环境的承受能力和庆阳人民希望直接受惠于资源开发的期盼。庆阳人民在中国共产党革命历史的各个重要阶段都做出了大量的无私的贡献，现在这里的人民仍然比较贫困，农民人均纯收入低于全国和全省平均水平，教育条件、医疗卫生条件很差，经济积累少或无，经不起任何自然灾害的打击。资源的开发量要恰到好处，既有利于油田企业，又有利于地方财政和当地居民，环境也能够承受。就地加工可以繁荣地方经济，增加就业机会，带动第三产业，增加当地居民的收入。

### 3. 保护环境，美化城市，争取可持续发展

西峰油田的主产区董志塬不仅在庆阳的黄土原面中排行第一，而且在全国所有的黄土高原原面中面积最大、保存最完整、黄土层最厚，从而赢得了"天下黄土第一塬"的美称。这里四季分明，风光旖旎，是特色农产品加工出口区和主要生产基地，也是庆阳市委市政府所在地，加强环境保护立法，引进高科技环保措施，尽量少污染，力争零污染是西峰油田开发的关键。庆阳南部的煤炭储藏区更是粮食主产区和特色农产品基地，地下煤炭开发和地上环境保护要提高到同等重要的高度，这样才能保证庆阳人民享受永远的蓝天净土，庆阳城市才能可持续发展。

## 第三节 庆阳市旅游资源的特点与发展对策研究

**一、庆阳市旅游资源的特点**

（一）内容丰富，品种多样，风格迥异

1. 历史文化遗存丰厚

庆阳曾出土的古生物化石有晚侏罗纪的环江翼龙、更新世的黄河古象，中国第一块旧石器就出土于庆阳市华池县王咀子乡。7000年前庆阳就有了早期的农耕，据史料记载，人文始祖轩辕黄帝在此曾与中医鼻祖歧伯论医，才有《黄帝内经》问世，"岐黄故里"由此得名。周先祖不窋曾率族人"奔戎狄之间"，其子鞠陶、孙公刘等教民稼穑、务耕种、行地宜，开辟了周祖农耕文化的先河，史称周道之兴自此时。在庆阳诞生的王符、傅玄、李梦阳等历史名人有数十位之多，秦长城、秦直道、北石窟、政平塔、双塔寺、大顺城等古代军事、宗教的建筑遗迹遍布全市，馆藏历史文物种类和数量在全省占有重要位置，这些丰厚的历史文化遗存，都具有极大的旅游开发价值。

2. 高原自然风光独特

处于庆阳市中心地带的董志塬以其黄土层之厚、塬面之大、保存之完整堪称世界第一黄土塬，以塬面为中心的梁、塬、峁、崾岘等黄土丘陵景观独具特色。林莽丛生、风光旖旎的子午岭，是黄土高原上独一无二的原始森林，林区之内生长着银杏、紫斑牡丹等数十种国家珍稀植物，林缘区葫芦河流域的川台地，小溪潋滟、稻田如镜、宛若江南水乡，这些高原自然风光的独有魅力，蕴藏着旅游资源开发的巨大潜力。

3. 农耕民俗文化底蕴深厚

庆阳这块古雍州之域，是我国古代众多民族融合生息的地方，多种民俗文化的交融与发展，在这里留下了印有多民族烙印的婚葬文化，古老的自然崇拜文化，具有深厚农本意识的节令时岁文化，源自上古"陶复陶穴"时代的民居文化，多姿多彩的饮食文化，带有先周文化遗韵和浓郁农耕民俗文化韵味的香包、刺绣、剪纸、皮影戏等民间艺术文化。进一步挖掘和宣扬庆阳的乡土文化艺术，不但可以增加庆阳市旅游业的文化底蕴，而且可以不断促进香包、刺绣、剪纸、皮影等特色文化产业的发展。

4. 红色革命文化影响深远

庆阳是陕甘宁边区发源地，从南梁革命根据地的建立到陕北革命根据地的扩大，留下了许多可歌可泣的革命故事、革命遗迹和革命文物。南梁政府旧址、河连湾陕甘宁省府旧址、山城堡战役遗址、抗大七分校等革命旧址都得到了很好的修缮保护，南梁革命纪念馆及多处革命旧址分别被国家和省市确定为爱国主义和革命传统教育基地，这些著名的红色革命文化遗存，是我市丰富和发展旅游事业的宝贵资源。

（二）层次高、震撼性强，有历史深度

庆阳出土的我国第一块旧石器，彻底打破了中国文化西来之说和中国没有石器文化的观点。环江翼龙化石的发现是中国古动物学，特别是翼龙研究学的一件大事，地层中保存的陆地上的翼龙化石格外贫乏和稀少，在我国更是稀缺和罕见。庆阳翼龙被发现之前，仅仅在新疆准噶尔发现过翼龙化石，尚且是白垩纪的翼龙，而庆阳翼龙是比准噶尔翼龙更早、更原始的晚侏罗纪翼手龙类翼龙，通过环江翼龙化石，人们可以看到在一亿多年前，庆阳一带是个湖河密布、丛林繁茂、巨兽出没的地方，在庆阳这块深厚的土层下面，掩埋着一亿多年前一个恐龙称霸世界的时代；黄河古象化石运抵北京后，1974年在北京自然博物馆面世，古代黄河象骨架能够这样完整地保存下来，在象化石的发现历史上是很少见的。黄河象的发现，不仅为古生物研究提供了完整而可靠的资料，而且对探讨陇东黄土高原形成前后的生态环境提供了难得的依据。黄河象在北京展出后，在全世界引起了轰动，它作为中国人民的友好使者，多次到海外展出，受到了热烈欢迎。北石窟寺自北魏以来，历经西魏、北周、隋、唐、宋、清各代相继增修，形成了一个内容丰富、龛窟密集的石窟，165窟的穹庐造型是鲜卑等北方民族文化和黄土高原窑洞居室文化的混合造型的产物。这是把外来文化中国化之后又地域化的具体反映，中国化和传统化是主基调，同时又毫不保守地吸收了外来的犍陀罗文化艺术，所以其艺术成就是不容忽视的，尤其是中西融合天衣无缝的雕琢艺术风格，成为我国佛教艺术苑中的奇葩。西峰"南佐疙瘩渠"遗址被国务院列为国家级重点文物保护单位；中国的黄土堆积，被看成是记录地球环境变化的三大"天书"之一；作为大自然最伟大的杰作的庆阳市董志塬，则更具典型性，它是自然和人类进化的证明，是过去与未来之间的桥梁和纽带，是全人类的共同财富。董志塬正在被申请列入世界地质遗产，建设国家黄土塬地质公园，领略董志塬风光能够让人感受到另类的自然。秦直道跨越庆阳境内200多千米，子午岭的天然森林绵延400多千米，覆盖4900多平方千米，跨区内4县24个乡镇；习仲勋、刘志丹在华池县南梁创建了陕甘边苏维埃政府，毛泽东、周恩来、邓小平等老一辈革命家曾在庆阳境内战斗过。

(三) 居民性格厚重，崇德重礼，大局观强，古风犹存

庆阳的古代农业，是我国传统农业的摇篮，教民稼穑的周祖，是农业文明的始祖。《诗经》中有关周人豳地农事的记述，影响着一代又一代的庆阳人。周祖居豳十余世，开疆掘土，辛勤作务，奉慈、信、笃为"三宝"，行立德、立功、立言"三不朽"，不惑于酒、色、财"三迷"，开启了北豳农耕、畜牧、蚕桑"三业"，给庆阳祖辈注入了农本思想的基因和农事为天的文化底蕴，并渗透和贯穿到社会政治、经济、文化生活的各个领域。

崇德，是我国传统文化之魂。周祖之德不但表现为尊崇天地、向自然获取，而且崇敬友邦、与戎狄共命，有着极其鲜明的人文特点。《国语·周语》载："（不窋）不敢怠业，时序其德，纂修其绪，修其训典，朝夕恪勤，守以敦笃，奉以忠信，奕世戴德，不忝前人。"这种厚道忠诚、信用处理事务的道德规范时为戎人所尚，也效仿"上含淳德以遇其下，下怀忠信以事其上"（《史记》卷五秦本纪第五），公刘以德立世，复修后稷、不窋之业，使豳地"行者有资，居者有蓄积，民赖其庆，百姓怀之，多徙而保归焉"（《史记·周本纪》）。古公时，更是"积德行义，国人皆戴之"。周祖讲仁慈、爱和平、和为贵，与兄弟民族和睦共处的美德一直流传到现在，形成了庆阳人高尚的人文道德情操。

重礼，是我国传统文化之形。庆阳人在长期的社会生活中形成了一整套传统礼俗，规范着婚丧、嫁娶等各个重要环节。一年的时岁节令也被赋予了丰富的文化内涵，春节祭祀，清明寻根，四月初八祭虫，端午闹香包、剪五毒，十月初一送寒衣，冬至祭亡灵等。在家庭伦理中，讲究家和、父严、母慈、子孝、媳贤、兄弟友爱、妯娌和睦、尊老爱幼、

长少有规；野祭、农祭、家祭习俗中礼数多，奉祀广，特别是敬自然、拜土地、祀鬼神、跪灶君的风俗都寄寓着礼的文化成分。

**二、庆阳市旅游资源存在的问题**

（一）没有凝练出庆阳旅游资源的主题

多年来对庆阳旅游资源的认识一直停留在一些宽泛的而优美的文字上，例如，"庆阳历史悠久，文化底蕴深厚，旅游资源具有人文景观、生态景观和民俗风情俱佳结合的特点"，或者陶醉于一些看似很有说服力，但无实际效益的数字上，如"现有遗迹984处，有开发利用价值的旅游资源61处"等，没有对庆阳旅游资源进行深入的研究和仔细的梳理，按照旅游价值和旅游开发潜力分类归集，凝练出庆阳旅游资源的主题，进行景点规划设计和旅游营销工作。

（二）庆阳旅游资源散、小、弱

散：众多遗迹和看点散布、隐藏在庆阳910平方千米的山山峁峁间，其间距离大、无道路相通。小：有景点没景区、有看点、没看头。例如，甘肃四大石窟之一的北石窟寺，只有十几亩地见长的一个小院子，几十年来没有任何变化，非专业游客用不了一个小时就看完了，门外的麦田、小河、农庄小院和蔬菜生产基地都是最新潮、纯绿色的旅游资源，但是无人规划、引导，没有建立起景区，更没有人设计出一套能令游客仰视佛像，俯察众生，思古人之悠悠，看今朝之乐乐的旅游方案。肖金唐塔孤零零地矗立在街道旁边的马路市场上，夏季瓜皮蚊虫环绕，冬季污水垃圾堆积。弱：红色旅游景点原址都是窑洞建筑，经过几十年的风蚀、雨淋，均已塌陷、损毁，旧貌不再。

## （三）缺少实物支撑

一些很有价值的文物和历史遗存，早已被运出庆阳境外，出土原址已非原貌，如环江翼龙化石、黄河古象化石、第一块旧石器，都在首都国家级专业博物馆内珍藏，游客到庆阳看不到这些历史遗迹，庆阳历史的厚重和远古无从体会。

## （四）宣传报道不到位，在外界知名度不高

一个地区的知名度和美誉度不仅来自宣传媒体的宣传报道，更来自民间的口碑宣传和美丽故事的世代流传扩散。庆阳的旅游业没有形成产业，也没有找到突破口，固然有主流媒体宣传频率少、突破口不恰当的问题，更主要的是庆阳人民长期生活在封闭落后的环境中，忙于生计、疲于奔命，无暇顾及先人辉煌灿烂的文化遗存，近二三十年庆阳人民逐步建立了自信心和优越感，但文化的传播是需要漫长的时间沉淀的。

## （五）没有世界级或国家级著名景区做带动引领

比较而言，陕西黄陵景区是亿万华人祭祖的地方，盛名播于海内外，临潼兵马俑号称世界第八大奇观，这些都是世界级的旅游景观，引来了如织的游人，从而带动了全省旅游业的大发展。庆阳缺少这样的龙头景区，是庆阳市旅游业长期徘徊不前的主要原因。

## （六）定位点没找准，突破点没找到

发展旅游业先要给旅游景区定位，旅游人群定位，再开展相应的旅游市场营销工作。庆阳市旅游业起步晚、资金少、专业人士少或无，以上工作都没有开始做。

## （七）庆阳交通瓶颈没有解决

庆阳地理位置偏僻，周围有沙漠、群山、戈壁阻隔，与境外连接的

出口很不畅通，境内公路等级低、里程少、断头路多。

### 三、庆阳市发展旅游业的战略

（一）突出主题，突破重点

庆阳市旅游资源的主题可以凝练为三句话：中华民族的发祥地，陕甘宁边区的诞生地，黄土风情的观赏地。

主题清晰了就要围绕主题找准突破点，中华民族的发祥地之旅，以周祖陵为主景区，以一年一度的祭祖大典为宣传点，以丰富的上古文化遗存为大背景，以民族文化产品为延展，以中国农耕文化艺术节为契机，把庆阳香包民俗文化艺术节、庆阳金秋苹果节、庆阳老公殿庙会有机结合在一起，圆远近游客的寻根之梦、温古之梦。具体组织要细致到位，给广大游客充分的自由空间和活动时间，可把庆阳的古生物化石文化、石器文化、农耕文化、石窟文化等一一进行梳理，归为大类，整合到中华民族发祥地文化之中去。

庆阳是陕甘宁边区的诞生地。1934年习仲勋、刘志丹等老一辈无产阶级革命家在庆阳市华池县南梁镇建立了西北第一个红色革命政权——南梁苏维埃革命政权。现有纪念塔、纪念馆，可以此为突破点把庆阳市近百处红色革命景点完善起来，修旧如旧，恢复原貌，连接起来，设计科学的旅游线路、合理的瞻仰顺序，弘扬庆阳老区的近现代革命精神。

近年中央对以南梁为中心的陇东革命根据地做了新的定位，归纳为"两点一存"，即红军长征的落脚点，抗日战争的出发点，第二次国内革命战争中全国仅存的革命根据地。庆阳现有革命遗址、遗迹220处。在这片红色的热土上还涌现出了一大批杰出的人物，有最早在庆阳建立党组织的王孝锡、电影文学剧本《红河激浪》原型赵德荣、评剧刘巧儿的原型封芝琴、全国劳模张占明、优秀民间诗人孙万福、《绣金匾》的作者汪廷原等。

领略黄土高原盛景有"六点一面":六点是董志塬中心的小崆峒景区和南小河沟景区、长庆桥黄土横断面景区、庆阳十里坡黄土景区、合水铁连川黄土景区、西峰镇原交界处的巴家嘴黄土景区,一面是董志塬面可饱览黄土风光,体会淳朴民风。游人上了董志塬就会被这秀丽的黄土高原风光和壮阔多姿的黄土高原地貌吸引和震撼。

(二)政府主导战略

庆阳市是旅游业的后发城市,距离发展成为旅游大市尚有很长的路要走,旅游景点的开发、整理、延展、建设,景区的规划,旅游线路的设计等都是长期的牵扯方方面面关系的系统工程。建设速度要和庆阳市经济发展水平相适应,建设高度要和人们对旅游服务的愿望相适应,这些工作绝不是哪一个人或组织所能大包大揽的,必须发挥政府的主导作用。

(三)创新战略

创新是一个民族进步的灵魂,创新是一个企业发展的动力,创新同样是庆阳旅游业由弱到强的内在力量。旅游景区的设计需要创新,旅游模式的规划需要创新,旅游服务的配套需要创新,总之庆阳市旅游业没有创新就没有特色,没有特色就没有后发优势,创新是庆阳旅游业后来者居上的源泉和动力。

(四)可持续发展战略

庆阳旅游资源的开发要和董志塬水土保持规划结合起来,把董志塬建设成为环境优美、草木茂盛、花香四溢、湖泊纵横、水塘密布的高山平原。黄河水利委员会在董志塬搞水土保持实验，积累了小区域治理的丰富经验，正在申请专项资金，申报水土保持综合治理方案，可以说董志塬旅游景区的建设有天地山川的大背景，有综合治理的好机遇，欣逢民族振兴的新时代。可持续发展是基本发展战略，对大量散布的文化遗存要走保护第一、开发第二的路子，条件成熟的开发，条件不成熟的放一放，有利于保护的先开发，不利于保护的不开发。

这里众多的红色革命旧址原都是窑洞建筑，随着岁月的流逝全部塌陷，应当考虑变更建筑材料，原址修复，再现当年旧貌，在恢复重建中要量力而行，保证质量，重建一处，巩固一处，保护一处，开放一处，切忌一哄而上，粗制滥造，搞成豆腐渣工程，影响教育效果和旅游效益。

**四、庆阳市旅游业发展的定位**

（一）会议旅游

庆阳高规格会议多，会展多，如庆阳民俗文化艺术节、农耕文化艺术节、老区工作会议、省运动会、全国红色革命运动会等。这些会议是宣传旅游，引导旅游，组织旅游的好机会，可以到临近的省会城市西安、兰州、银川、呼和浩特的大型会议上去宣传庆阳，组织旅游团到庆阳旅游。

（二）休闲旅游

董志塬天高地厚，夏季凉爽，景色宜人，窑洞宾馆风格独特，是世界上少有的高原特色避暑胜地。东部边沿子午岭天然次生林区，是董志塬的大水库和大氧吧，每到夏天西安、兰州等临近城市酷热难耐时，董志塬腹地和子午岭山麓却另有一番世外桃源般的清凉感觉。

（三）爱国主义教育旅游

庆阳的红色革命景点，同时是国家和省级爱国主义教育基地，是庆阳市和周边市县积极分子、党团员活动的理想场所。六一儿童节戴红领巾，五四青年节入团，七一建党节入党，选择这些地方开现场会以缅怀先烈伟绩，砥砺革命意志，组织定期的宣传和瞻仰活动，既可以发扬爱国主义教育基地的作用，又带动了本市旅游业的发展，是新时代红色教育的新模式。

（四）矿业职工度假游

庆阳市是传统的石油城市和新兴的能源城市，具备建设百万吨级油田和亿吨级煤田的基础条件，是甘肃省确定的重点经济增长极和国家能源战略城市，现已有中石油集团、华煤集团、中铝集团等入驻庆阳。大量的石油工人和煤炭工人奋战在庆阳的山山水水和沟沟壑壑间，阶段性紧张之后，休闲、娱乐需求变得十分迫切，所以宣传、引导、组织、安排境内矿业干部和职工定期度假、娱乐、游玩、放松，同时接受爱国主义教育，是建设和谐油区的需要，也是庆阳旅游业巨大的潜力市场。

（五）散客游

没有预约没有组织的客户游叫散客游，散客对景点和消费服务的选择自主性强，对选择的景点好感强烈。散客游的景点一般有历史悠久、特色鲜明、知名度极高、旅游收获丰富等特点。目前来庆阳旅游的散客不是很多，不是庆阳游的主体客人，但这部分客人旅游的边际效应大，宣传面广，是庆阳旅游业长远发展的主体客户，因此一定要做好散客游的宣传、接待和服务工作。

第六章

# 增加庆阳市农民收入的对策研究

## 第一节 贫困地区农业和农村经济的发展

自十一届三中全会以来，经过20多年的改革发展，贫困地区的农业和农村经济取得了历史性的巨大成就，实现了由改革前的农产品严重短缺、绝对贫困到大部分地区解决温饱的转变。20多年的时间，全国农村2.2亿贫困人口解决了温饱问题，贫困人口占农村人口的比重从1987年的30.7%降为2000年的3%左右，且生产生活条件明显改善，经济发展速度明显加快，各项社会事业全面发展。实施"八七扶贫攻坚计划"期间，592个国定贫困县累计修建基本农田6012万亩，新增公路32万千米，架设输变电线路36万千米，解决了5351万人和4836万头牲畜饮水的问题，通电、通路、通邮、通电话的行政村分别达到95.5%、89%、69%和67.7%。国定贫困县农业增加值增长54%，年均增长7.5%，粮食产量增长12.3%，年均增长1.9%，农民人均纯收入从648元增长到1337元，年均增长12.8%。贫困地区人口过快增长的势头得到初步控制，人口自然增长率有所下降，义务教育办学条件明显改善，适龄儿童辍学率下降到6.5%，95%的行政村能够收听到看到广播电视节目。到目前为止贫困地区的人口由1994年的8000万降低到2001年的3000万，这是一个辉煌的成就，了不起的胜利。但是我们应该清醒地看到，贫困地区与全国尤其是东部发达地区相比，还存在着相当大的距离，农业和农村经济总体上处于自然经济与半自然经济的相对落后状态。西部大开发战略的实施和《中国农村扶贫开发纲要(2001—2010年)》的颁布，为贫困地区农业和农村经济发展提供了千载难逢的历史机遇，如何在找准贫困地区农业和农村经济发展面临的主要问题的基础上，不失时机地加快贫困地区农业和农村经济的发展，就显得尤为重要。

**一、贫困地区农业和农村经济发展面临的主要问题**

（一）贫困地区集中，贫困面大，脱贫致富任务十分艰巨

现在贫困地区主要集中在中西部少数民族地区、革命老区、边疆和一些特困地区，这些地区连片集中，区内贫困人口多，且多分布在自然条件恶劣、灾害频发的山区和林区，已经初步达到温饱的农户，经常发生返贫现象，温饱工程缺乏优势产业作基础，在天灾人祸、物价上涨等不利因素作用下，稳定性很差，严重制约着这些地区经济社会发展水平的提高。

（二）生态环境脆弱，自然条件严酷，农业基础薄弱，改造和发展任务十分艰巨

这主要表现在三个方面：一是农业生产的基本条件差。以甘肃省庆阳地区（革命老区）为例："三田"面积只占耕地面积的38%，水浇地

面积占耕地面积的6%，水土流失面积占全区总面积的92%，年平均侵蚀模数为6190吨/平方千米。大量降水以地表径流形式汇入江河，利用系数不高。全区气候异常现象较多，气候灾害频繁，其中以干旱威胁最重，此外还有冰雹、暴洪、低温、霜冻、干热风等。人年均与耕地年均占有径流分别为386立方米和77立方米，分别相当于全国平均数的14.1%和4.4%，属严重缺水区域。二是农业微观生产经营单位企业化程度低，绝大多数是文化和技术素质低下，难以适应社会化大生产和市场经济的个体家庭单位。三是农业实现规模经营的难度很大，农业的人均资源特别是耕地资源数量少，农业劳动力向非农业转移缓慢，与农业规模经济直接相关的土地制度尚未建立起来，农业生产的技术水平和技术密度难以很快提高。

（三）劳动力整体素质不高，使经济增长难以加快

贫困地区人口的文化素质低于全国和全省平均水平，各类专业技术人员占总人口的比例不到1%。农村70%以上的劳动力只能从事体力型简单劳动，人才缺乏造成企业生产效率和经营管理水平低下。文化素质低使观念更新慢，创造力匮乏，科学技术普及困难，已成为市场经济发展的严重障碍。医疗条件差，地方病、传染病发病率时有上升趋势。劳动力素质的这种状况，使劳动生产率和经济效益难以提高。

**二、贫困地区农业和农村经济发展的对策**

（一）发展教育，推广科普知识，实施观念变革工程，做好人的现代化这篇大文章

贫困地区山大沟深，农户居住分散，儿童上学困难，学校条件很差，教师工资经常拖欠，儿童辍学率高，成人接受科学知识慢，观念守

旧,针对这些具体问题贫困地区要做好以下几方面的工作:第一,尽最大努力,克服一切困难,普及九年义务教育,保证所有适龄儿童学完九年义务教育的课程。第二,优化学校布局,改善学校条件,辞退滥竽充数的教师,淘汰没有受过正规教育的教师,逐步提高低学历教师的学历。第三,保证教师工资按时足额发放,再穷不能穷学校,亏谁不能亏教师。第四,利用电视、广播、报纸等媒体,利用干部下乡、专家包村、学生假期社会实践等机会普及科学知识,用科学的力量启迪群众的智慧。第五,派基层干部和群众代表到相对发达地区去学技术、学管理,更重要的是换脑子、变观念（可以作为东西部对口扶贫的内容之一）。第六,对思想解放快、市场适应快、点子对头、成效显著的个人和集体,要及时介绍其先进事迹,以利于他们对更多的人发挥言传身教的帮带作用。第七,发扬贫困地区优良传统,弘扬当地的文明成就,增强群众自力更生、艰苦奋斗、敢为人先、敢创一流、不自卑、不自弃的精神动力。

（二）改善生态环境,强化基础设施建设

这是稳定提高农业综合生产能力的根本途径,也是推进农业和农村经济发展的基本保证。第一,按照"退耕还林（草）、封山育林、以粮代赈、个体承包"的方针,有计划、分步骤搞好退耕还林、退牧还林,大力种草种树。第二,在本区域内加大以"天保"工程范围为主的天然林区林业的保护和管理力度,不断增加森林资源,提高森林覆盖率。第三,搞好以退耕还林和地埂、地边为主的农田林业,要逐步形成农田林网围田,经济林果锁边,地边地埂灌草镶嵌的模式。第四,对宜林荒山地为主的荒山林业,对以道路水系为主的绿色通道林业,对城市、村镇林业都要做到因地制宜,措施到位,资金到位,责任到人。第五,尽快普及推广节水设施，继续开展小流域治理和行之有效的雨水集流工程建设。第六，以路网为重点，超前发展基础设施建设，充分利用西部开发的机遇和扶贫开发的措施，利用各种资金修路建桥，做到村村通汽车，乡镇通公路，地（州、市）—县（市）通三级以上油路，省—地（州、市）通二级以上公路。靠近铁路干线的地方可以修建一些铁路支线，原有民航支线机场的地方（如庆阳飞机场），可以搞好改扩建工程。因为路通到哪里，民风就开化到哪里，现代化就渗透到哪里。第七，继续完善乡村通电、通广播、通电视工程和部分干旱地区的人畜饮水工程。积极开发利用太阳能、风能、水能、天然气和沼气等清洁环保能源。

（三）调整农业种植结构，发展特色、高效、优势农业

大力发展特色经济可以避免地区之间产业趋同，从而可以形成不同地区经济发展的比较优势，使地区通过比较优势原则参与区域分工。在发展特色农业中要注意：第一，突出地区形象优势，做好特色优势的基础性工作。贫困地区都有独特的历史特色、自然特色、民族特色等，要挖掘特色文化的深度，弘扬特色文化的广度，把突出地区特色优势作为一项战略性的工作来做，使地区和形象之间形成密不可分的一种联系，为下一步发展特色经济打下取之不尽的地区形象优势。第二，由过去单独粮食生产向粮、林、果、草、畜产业综合方向发展，根据当地生产条件选种商品含量高，市场前景广阔的红花、番茄、枸杞、苹果、葡萄、哈密瓜、香梨及各种花卉、药用植物、烤烟、油菜籽、桑蚕、猕猴桃等经济作物。第三，结合生态治理，扩大草场面积，引进牧草品种，发展围栏养殖和舍饲家畜养殖，优选市场前景看好的动物品种，例如，庆阳地区的早胜牛、庆阳驴、八眉猪、滩羊及鸡、兔等具有适应地方自然条

件的品种，梅花鹿等动物具有较高的经济价值和开发潜力。第四，传统种植业要换代升级，努力抓好优质专用小麦，专用玉米和加工型马铃薯的种植。蔬菜种植要向基地化发展，日光大棚建设要由零星试点阶段向集约化、规模化发展。第五，结合特优农业的发展和地区形象优势的建立大力发展贫困地区特色旅游业。这里特殊的黄土丘陵、大漠风光、民族风情、文物古迹、神话传说、传统工艺、千年堡等都是不可多得的旅游资源，要加以开发。

（四）大力发展农业产业化经营

现在贫困地区农业产业化方面存在的主要问题有两个：一是"户户种养加，家家小而全"，形不成区域化布局、专业化生产、规模化发展的模式；二是产加销之间、工农之间、城乡之间相互分离，各自为政，信息闭塞，物流不畅，都发展不起来。因此，加强农业产业化经营，可以从以下几个方面着手。

1. 加强货源基地建设

在因地制宜的前提下统一规划，发挥优势，定向开发，以点带面，联片聚集，大力培养专业户、专业村、专业乡，抓户带村，抓村带乡，形成多村一品，多乡一业，连县带片，种植一种或几种作物，养殖一种或几种家畜的格局，建立产业化基地，准备充分的产业化货源。

2. 办好加工企业

以基地货源为原料，办好龙头加工企业，延长产业链，增加产品附加值，带动整个产业化过程的全面联动，使农牧业在增量的基础上增值。加工企业的建立，要在现代企业制度的基础上采取：第一，传统加工型小企业换代升级；第二，组建新型加工企业公司；第三，引进外地外国资金或独资、参股均可。

### 3. 建立科研与生产的联姻制度

鼓励科技人员、科研单位、大专院校为生产基地的种植、养殖服务，为加工企业的精深加工服务，力争在品种换代、品种布局、良种杂交引进、病虫害防治、动物免疫、新产品开发等方面取得突破，在联姻形式上可以采取无偿服务、按绩考评，以及政府补贴（扶贫资金）的形式、技术入股的形式、项目承包的形式等。

### 4. 树立现代化的营销理念

开发农产品的市场，扩大市场占有率，解决卖难问题和以劣充优问题，关键是要树立现代营销理念，并建立新营销理念指导下的营销机构和运行机制。主要有：第一，传统的营销策略有"4个P"即产品（prodct）、定价（price）、分销地点（place）和促销（promotion），现代营销策略还要增加一个"P"——"企业的声誉"（prestige），它包括企业的知名度和美誉度。贫困地区的新兴产业要注意开发顾客的注意力资源，培养顾客的心灵市场，树立企业及其产品的声誉，消费者只要称赞我们企业的产品和服务，目的就达到了。第二，把企业的差别化经营作为一项战略工作去做。有特色才能有个性，有个性才能引起注意，个性不强就会被淹没在商品经济的海洋里，同时把物质消费与文化消费结合起来。就以包装为例，它是商品的脸面，中国台湾省与韩国的白菊都打入国际超级市场，而正宗的白菊产于杭州，却因包装落后只能在国外地摊上销售。我们反对用过度包装欺骗消费者，但是对消费者的审美文化要求不能熟视无睹。第三，形成前卫的概念设计思路。505神功元气袋最为成功之处在于"内病外除"这一概念，它既符合传统医学科学理论，也解决了有些患者不愿打针吃药的烦恼，在科学与需求的结合点上，打开了市场缺口。麦当劳能够在中国、日本等东方国家迅速占领市场，并不是它的口味符合东方人的习惯，而是"吃汉堡包就是现代人"的文化理念发生了主要作用。有了以上崭新的营销理念再建立多渠道、少环节、高效运转的流通体系，就能形成稳定的销售渠道、健全的销售网络、中长期的销售合同，从而推动贫困地区农业产业化的快速发展。

## 第二节 以人为本，全面建设庆阳市小康社会的新思路

**一、对庆阳市区域位置的认识与表述**

（一）区位条件先天不佳，长期置身于"谷中谷"的封闭发展环境

方创琳认为，从庆阳所处的经济发展区位分析，庆阳市整体上处于贫困落后地区的夹缝中，不仅得不到周围地区的经济辐射和带动，经济成长与发育程度低，而且受到平凉、宝鸡、咸阳、延安等周边地区经济发展的"战略威慑"。这使得庆阳地区长期处于经济低发育地区的低谷地带，工业发展水平不仅落后于与其自然条件相当的平凉地区，而且落后于比其条件差的延安地区，形成"谷中谷"的封闭发展格局，成为区域经济发展中的"弱势群体"。

（二）发展极转移后的回波效应导致的"贫困化飞地"

包国宪认为，改革开放以后，各种经济要素可以在全国流动，各大城市，特别是南方和省会城市对经济要素的吸引力远远大于庆阳各城镇，致使各种经济要素外流严重。而区外大城市在短期内又难以发挥出辐射功能，或难以辐射至庆阳。因此，这种"贫困化飞地"的特点还

会进一步凸显。

（三）地理环境上处于陕甘宁三省交会处的"死三角"，形似陆地半岛

庆阳北有广袤无边的毛乌素沙漠，与隆起的羊圈山一道形成"北阻"大沙漠，东有子午岭山脉所环绕，西北被六盘山脉所隔阻，形成北高南低的"死三角"。

**二、庆阳市全面建设小康社会的目标与差距**

（一）国内生产总值

2000年庆阳国内生产总值为57.03亿元，人均GDP为2278元，按照2020年人均国内生产总值比2000年翻两番的目标计算，我市国内生产总值应达到228.12亿元。据赵玉发、常步才推算，按照2020年人均国内生产总值3000美元的目标计算，如果人口按6‰的自然增长率预测，2020年将至少比2001年增加27万人以上，要实现人均GDP达到3000美元，国内生产总值必须达到697.16亿元，比翻两番目标高469.04亿元，如果在2001年我市国内生产总值7362.48亿元的基础上，按2000年的市场价格计算，从2000年起，国内生产总值只有每年增长12%，方可实现2020年人均GDP达到3000美元的目标。

（二）居民生活质量

从居住条件看，现有住房建筑质量较低，农村住房附属配套设施几乎为零，还有30%的农户仍然居住在土窑里，要真正提高居住水平，仍须很长时间。从人口受教育程度看，人口接受高等教育程度很低，我市具有大专以上文化程度的人数仅占总人口的1.4%。2002年我市每千人拥有医生1.9人，城镇居民每百户拥有计算机6台，农村仍为空白。

## (三) 城市化水平

目前我市城市化水平为14.5%，远低于全国37.4%和全省25%的平均水平。到2020年城市化水平要达到45%，城市化率必须提高30.5个百分点。考虑人口增长因素，城市人口要达到120万，这意味着在今后15年中，平均每年有4万人口转为非农人口，如果按照近几年的城市人口增速，要达到这一目标将十分困难。如果把城市的市场功能和文化功能都计算进去，则庆阳的城市化水平更低。

### 三、庆阳市经济发展的几种思路

(一) 找到庆阳所处经济圈的经济"重心"点——西安经济圈，顺应区域经济发展的基本规律，构造大平台，承接来自重心处的梯度转移

目前西安经济圈对庆阳经济的辐射带动作用非常微弱，这就要求我们以战略眼光立足于区域经济融合的制高点，从基础设施建设，以改善铁路、公路、民航交通状况入手，全新谋划，改造其边界条件，最大限度地畅通"出口"和衔接"入口"，努力使小区域粘连在大区域上，功能上充当助手，发挥补充作用。

(二) 育强有助于庆阳经济发展的工业——油气加工业和农副产品加工业

在油气产品加工业上必须要有新的思路，从政策、体制和机制三个层面上找到支撑点，找到既维护国家利益，又引进市场机制的结合点，加快陇东石油天然气化工基地的建设和延长石化产业链的基础和条件。通过大办农产品加工业，促进农村人口的就业转型，提高农村人均实际耕地面积，提高农民人均纯收入。通过农产品加工业的发展，推进工业化水平的提高，使农产品加工业成为打破影响农民增收瓶颈的突破口，

成为实现农业产业化、城镇化、工业化"三化并举的突破口"。

（三）建设点、线、面有机结合的空间开发格局

第一，主动"攀亲"，甘当配角，实施"配角经济"战略。即练好内功，主动挂靠，"借鸡下蛋"，大力发展"配角经济"。第二，重点突破，点轴辐射，建设"Z"形公路经济带，实施"优位推进"战略。按照优位效益理论，庆阳市未来开发的重点是实施点轴开发战略，建设"Z"形公路经济带，即从环县县城开始，沿211国道和省道依次经过马岭—庆城—白马—驿马—西峰—肖金—长庆桥，形成贯穿南北、充当庆阳地区经济发展主轴线的"Z"形公路经济带。在这条经济带上，以西峰为核心，形成点、线、面有机结合的渐次开发空间格局。

**四、实施现有战略思路面临的堡垒问题与困惑**

（一）巨额资金难筹措

庆阳市最稀缺的就是资金，资金投入少，发展差距就越拉越大，要跳出这一贫困的恶性循环，实现超常规的快速发展，就必须不断加强资金投入，尤其是基础设施建设、产业结构调整、人力资源开发和社会事业方面的投入。如果没有巨额的持续的资金投入，庆阳市的基础条件不但得不到根本的改变，而且与周边地区相比差距将越来越大。以基础设施建设为例：庆阳市委市政府所在地西峰区是在原来庆阳县西峰镇的基础上发展改制而来的，市容市貌呈现出明显的农村城镇特点，城市面积仅10平方千米，城市建设总量严重不足且不配套，功能不完善，全市城市供水除西峰基本满足中短期发展需要外，其他各县城普遍缺水。公路建设方面，庆阳市"十五"规划规定的实现长庆桥到西峰通高速，地县通二级以上，乡乡通公路，80%以上乡通油路的目标因受资金制约

未能如期实现。

(二)加入以西安为中心的关中经济带,接受梯度推移的辐射,会造成低梯度陷阱和落后的增长

西安距西峰理论距离200千米,交通距离276千米,经过咸阳、礼泉、乾县、永寿、旬邑、彬县、长武、宁县等市县,除咸、礼、乾在关中平原上,其他各县都在渭北高原丘陵地带,属陕西省的偏远、贫穷县域,自然条件与庆阳所属各县相似,经济发展水平也相近。按照梯度推移理论(区域间的直线距离越短,则产业关联度越大,互补性越强,体制性障碍越小,生产要素转移的速度越快,区域间的自然带动效应也越明显),在长近300千米,沿途皆山区贫困县都需要接受西安经济中心的发散效应带动发展的战略指导下,庆阳市接受到的正效应将相当有限,且有可能陷入低梯度陷阱。因为低梯度之所以"低",就低在它的产业结构、技术结构,关键是缺乏结构提升的活力。梯度推移往往是核心区的成熟技术甚至衰退技术或产品向边缘扩展,这种经济技术的梯度推移具有明显的从核心区向城市带再向广大落后区推移的特点,这种渐进过程始终解决不了边缘区的落后状态。

(三)以资源为导向的经济发展思路制约因素太多

庆阳有丰富的石油资源,是长庆油田的发祥地和根据地,但是石油资源作为国计民生的主要资源,一直是国家垄断和经营的,而长庆作为国家授权的经营者,在此具有垄断权,尤其是我国为应对国际石油市场的挑战,重新整合了国有石油行业,长庆成为中石油集团的下属企业,实行集约管理,这就使长庆在庆阳的石油开发必须服从中油这个大板块在全国范围内培植石油资源的需求。事实上庆阳只是个石油勘探、开采基地,而不是冶炼、加工基地。地方政府对这一资源的利用是无能为力

的，只能"望油兴叹"，地下丰富的石油资源并不能使地上贫困的庆阳人富裕起来。庆阳有着优越的生态农业环境，草畜、果品、瓜菜三大绿色农业已初见规模，但阻碍农民进一步增收的瓶颈有两个，一是单产效益低，二是人均占有基本农田少，即便解决了单产效益低的问题，也解决不了人多地少的矛盾，人均收入也就提不高。

**五、以人为本，全面建设庆阳市小康社会的新思路**

鉴于庆阳经济发展在历史上欠帐太多，要在2020年全面建设庆阳市小康社会，任务十分艰巨，事实上按照现有的思路，各种指标都实现不了。笔者认为庆阳的发展既要立足于庆阳，又要立足于全国，既要以地域为基础，更要以人为根本，把实现庆阳人摆脱贫困，走向富裕的目标放在全国经济大发展的大环境大背景中去考虑，才能走出一条人民富裕、经济发展、山川秀美的独特发展道路。

（一）大力发展教育，开展不同层次的人才输出，让优秀的陇原儿女在全国范围内寻求发展，尽早过上富裕生活

在物质利益的推动下，近年庆阳农村中有文化、有专长、有特定社会关系的部分人口向高于农村收入的其他产业转移。从具体情况看，以这种方式转移出来的人口，大都从事饮食、修理、小商小贩等服务性行业，或者说，他们主要进入的是小商品经济领域，并未进入工业化生产序列，与我国现代化建设的目标仍有差距。提高人口素质，培养知识型人才是庆阳农村劳动力转移的方式，即农民子弟经过教育成才后，进入国民经济其他部门，这一途径至少具备两个特点：一是截断了传统农民队伍的繁衍，二是农村中经过教育培养出来的新一代人才，不仅能适应工业经济的需要。而且能适应知识经济的需要，这些新型人才的就业具

有极大的适应性，有的甚至能在知识经济领域中开辟新的就业部门，因此这一代的就业正好与我国经济发展任务相适应，是推动我国经济发展的动力，直接转化为我国现代化的组成部分。庆阳市现有人口251.46万人，出生率15.14‰，死亡率5.56‰，自然增长率9.58‰，小学在校人数359480人，7—11岁儿童入学率99.3%。如果我们在巩固现有成果的基础上，进一步普及初中教育，使学生初中毕业后，除了继续上高中的一部分外，全部进入各种类型的职专、职中和技校，学成后在全国范围内谋求发展。高中毕业后可以上大学、各种职业技术学院和本地的高中后职业技术班，然后在全国各地的各级各类人才市场谋职或自己创业。年轻人头脑灵活，适应性强，是进行技术训练、人才、劳务输出的最佳群体，只要认识到位，有战略，有组织，就一定能取得成功。

（二）发展城镇，绿化山川，搞好协调，执政为民

据测算，城市化发展水平提高一个百分点，可拉动国民生产总值增长1.5个百分点，通过城镇化的积聚和规模效应推动工业化进程，建设适应农业产业化、农村集镇化发展要求的小城镇体系，促进城乡一体化发展是带动庆阳经济快速发展的有效途径。就庆阳市来说发展小城镇具有特别重要的意义：第一，可以吸引居住分散，条件艰苦，吃水用电困难，孩子就学和求医看病不方便的大量散居农户集中到小城镇生活工作，从根本上改变这些农户的生活条件和工作环境；第二，可以使本地生产的农特产品就地加工增值销售，改变庆阳人只输出原料不生产成品的现状；第三，可以在当地形成一个工商业中心，便于吸引资金、技术、人才，是庆阳人实现农业产业化、农村现代化、农民城市化的必然途径。

随着农村小城镇的发展和各种形式的人才输出、劳务输出，大量散

居在社区边缘和山区的农户将转移到城镇或迁移到外地居住，这样在庆阳北部环县、华池、合水、镇原一些县域的生态极度脆弱地区就可以有计划地建立一些"生态无人区""生态草业区""生态林业区"，既可以促进庆阳生态农业的大发展，又可以给庆阳生态一个"休养生息"的机会，也是全国山川秀美工程的一部分。

另外，由于庆阳自然条件严酷，有相当一部分农民温饱问题尚未解决，还有一部分农民尽管相对比较富裕，但稳定性较差，一旦遇到天灾人祸的打击会重新由富返贫，因此开发扶贫在庆阳是一项任重道远的工作。在城市积淀着一定数量的下岗职工，这些人多数文化素质偏低，年龄已进入中年，家庭负担较重，家庭成员情况相似，无论是再就业或者自谋出路都相当困难。还有一部分适龄就业青年工作没有着落。因此多方协调，在农村做好开发扶贫工作，在城市继续抓好再就业服务工作和"低保金"的准确、按时、足额发放是立党为国、执政为民的具体体现。

（三）在西峰建立庆阳市的中小企业聚集区

庆阳市所属各城镇工业基础比较薄弱，总的特点是起步晚，数量少，规模小，基础差，成长慢，布局分散，厂址孤立。在西峰建立庆阳市的产业聚集区，然后在产业聚集区的带动下，逐步实现工业强市的目标，这样做：一是可以形成庆阳市的经济增长极。二是可以产生特殊的竞争优势，因为激烈的市场竞争，孤立的中小企业难以获得发展机会，为了生存，利用中小企业聚集形成的企业集群所产生的规模效应，成为中小企业增强竞争力，谋求生存与发展的重要形式。三是可以改变传统产业分散孤立的生产方式，可以通过集群内的网络组织，加强企业间的分工协作，实现生产要素的重新整合，提高生产效率。所以，目前庆阳市以项目引进为龙头积极发展中小企业，问题不是如何扩大单个企业的生产规模，而在于如何克服个别企业生产孤立的局面，改变传统中小企业分散孤立的生产方式，利用中小企业整体的力量，通过企业集群的网络，实现企业间的分工协作，从而带动整个中小企业集群的健康发展。四是可以充分利用西峰现有的产业基础发展形成一定的产业群。例如，以劳务输出和庆阳建设对专业人才需要为导向的教育产业群；以城镇化和农村现代化建设为核心的建材产业群；以石油为龙头的石化产业群；以农业（包括农、林、牧、渔业及食品、饲料、中药等加工业）为龙头的绿色产业群。石化产业群的发展要在政策许可的最大范围内争取一些计划外指标，上一些就地加工的小项目，绿色产业群的发展要以生态养护为前提，不以破坏生态为代价。

## 第三节 庆阳市农民贫困的类型

庆阳市位于黄河中游黄土高原沟壑区，是陇东黄土高原的主要组成部分。区内地形北部高突，南部低缓，塬面平阔，海拔由两千多米到八百米呈倾斜状，川塬区约占 11.67%，山区约占 88.33%。历史上该区由于地形偏僻，交通落后，信息闭塞，社会发育水平很低。新中国成立后这里的人民在党和政府的领导下，立足现实，艰苦奋斗，在区内广阔的时空范围内积极寻求发展机遇，努力开创新的业绩，物质生活和精神生活发生了翻天覆地的变化，但是由于历史的、地理的和经济发展的内在规律性等原因，庆阳市的经济发展水平和国内发达地区乃至全国平均水平相比差距仍然很大，属于典型的不发达地区，尤其是这里的农民仍然处在生活水平相对低下的贫困和半贫困状态，扶贫是这里相当长的一段时期内必须解决的社会问题。

根据贫困的原因和性质，我们把庆阳农民的贫困分为以下几种类型，在此基础上提出不同类型贫困的具体对策。

## 一、第一种类型：区位偏僻型贫困

庆阳市位于甘肃省东部，习称"陇东"，介于106°45′E～108°45′E，35°10′N～37°20′N。东、北、南部与陕西榆林、延安、铜川、咸阳接壤，西北部与宁夏回族自治区的银南、固原比邻。全市辖西峰区和正宁、宁县、镇原、庆城、合水、华池、环县共一区七县，从庆阳所处的经济发展区位分析，整体上在贫困落后地区的夹缝中，不仅得不到周围地区的经济辐射和带动，经济成长与发育程度低，而且受到平凉、宝鸡、咸阳、延安等周边落后地区经济发展的"战略威慑"，这使得庆阳地区长期处于经济低发育地区的低谷地带。境内至今不通铁路和民航，公路等级较低，密度不够，高速公路和快速干道至今仍是空白，二级以上公路仅占公路总里程的2.5%，至今还有351个行政村不通公路。通信设施严重滞后，信息化步伐缓慢，全区有58.4%的行政村不通电话，每百人拥有电话只有2.1部，区域尚未建成功能完备的广域信息网。

由于区位偏僻，信息不灵，不得社会风气之先，这里的农民对发扬区域特色优势，搞特色种植、特色养殖概念模糊，方向不明，没有从中受益，部分尝试者也因区位偏僻而赔多赚少。解决区位偏僻型贫困的可行办法就是加强交通和通信设施建设。第一，争取铁路立项，使铁路延伸到西峰或庆城县。第二，扩建现有的民航机场，使停飞多年的民航机场尽快起用。第三，完成长庆桥到庆城的一级公路，争取建一条从陕西咸阳到西峰的高速公路。完成乡乡通油路，村级主要干道石子路面的工程。第四，建设覆盖全区农村的信息网络工程。

**二、第二种类型：条件严酷型贫困**

本区是全国水土流失的重点地区之一。水土流失面积占全区总面积的92%，年平均侵蚀模数为6190吨/平方千米。降水南多北少，利用率低。全区年平均降水量为410~620毫米，中南部地区在600毫米以上。7、8、9三个月降水量为280~360毫米，占全年降水量的60%左右。大量降水以地表径流形式汇入江河，利用系数不高。全区气候异常现象较多，气候灾害频繁。其中以干旱威胁最重，此外还有冰雹、暴洪、低温、霜冻、干热风等，受灾范围较广，是长期制约农业生产的主要因素。径流总量占全省的10%，人年均与耕地年均占有径流分别为386立方米和77立方米，分别相当于全省平均数的25.5%和13.7%，属严重缺水区域。水资源短缺是全区工农业生产和人民生活的重要困难条件之一。解决的办法有：第一，水利建设。在抓好中、小型水利工程和集雨节灌工程建设的同时，突出大型水利工程和骨干工程的建设。第二，建设人畜饮水工程，解决乡镇机关及农村群众的生活及生产用水。第三，实行退耕还林还草工程。第四，流域治理工程，以黄土高原水土保持二期贷款项目为骨干，以小流域为单元，实行沟、坡、塬、峁、梁整体推进，山、水、林、田、路综合治理，治荒、治沙、治旱同步进行。

**三、第三种类型：观念守旧型贫困**

观念守旧型贫困是指由于思想意识落后，科学文化知识缺乏，凡事因循守旧，不敢越雷池一步而导致的贫困。具体表现有：第一，基层干部官本位观念浓厚，不为民服务，带领群众致富的热情不高，说官话、跑官路、升官有术，创新招、干实事、富民无方。干部仍笼罩在旧的观念中。第二，个别地方科学普及不够，神汉、巫婆仍有市场，家人患病不起或挫折较多，不是延请名医和查找原因，而是请神诵经，贴符念咒。因婚丧嫁娶大操大办而债台高筑，不以为错，反以为荣。第三，"灰打不了墙，女养不了娘"的观念盛行，老年人都想早得孙子，青年夫妇想生个儿子。

解决观念型贫困的途径有两条，一是大力弘扬文明进步的新观念，强烈冲击愚昧落后的旧观念，移风易俗要从干部做起，从在群众心目中有影响的名人做起。二是普及文化科学知识，搞"科技下乡，知识下乡"，普及九年义务教育。另外要特别教育这里的女青年在赡养父母上男女义务相等。

**四、第四种类型：技能短缺型贫困**

这里有不少中青年农民，原来只会种地，除此之外，无一技之长，现在随着农业耕作技术的变化，成了连地也不会种的"下岗农民"。这部分农民因缺少技能，也不懂经营，在现代这个分工服务、优势互补的社会中茫然不知所措，而肩上又压着沉重的经济负担。对这部分人口要帮助他们掌握一两项专业技术特长，在具体做法上要充分发挥各县现有职校和技校的功能，扩大规模，放宽招生范围（年龄不加限制），灵活办学形式（比如短期培训），增加专业类型，政府可以考虑从"扶贫"或"救济"等款项中拿出一部分资金帮助这些人学习一两项技能，然后让他们自创出路。

### 五、第五种类型：恶习型贫困

恶习型贫困是指当事人因沾染上不良习惯而使生活处于贫困状态，其类型主要有吸毒、嫖娼和赌博等。恶习一旦成瘾就很难改变，最终陷入贫困的深渊。对待这类贫困，预防比治理更重要。既要有良好的社会环境，需要对卖淫嫖娼、制毒贩毒、聚众赌博等违法犯罪行为进行严厉打击，又需要当事人提高思想认识和道德水平，增强对不良生活方式诱惑的抵抗力，使这部分人重新由贫返富。

### 六、第六种类型：疾病型贫困

由于20世纪六七十年代的超强度积累，八九十年代的过度付出和长期贫困形成的小病不治、大病小治等习惯，导致这里的农民大都身患骨质增生、肺病、胃病、心脑血管病等各种顽疾，且癌症发病率高，死亡率高。据不完全调查，这部分人年均维持性医药费需500元，而该区农民人均可支配收入2000年时为1272元。另外水灾、火灾、塌方、地震等突发性灾难，会使初步达到温饱的农民一夜之间陷入贫困顿。对这类贫困，解决的思路应立足于完善社会保障制度，通过完善救济、赈灾、社会保险、社会福利等制度来减少这一贫困。农村基层医疗卫生事业也要出台新方案，从而达到利民、便民、为民的目的。

### 七、第七种类型：懒惰型贫困

懒惰性贫困是指某些人由于生性懒惰，不愿劳动，得过且过，因而生活处于贫困状态。有些人无论周围的人如何勤劳致富，他们仍我行我素，自甘贫困。对懒惰型贫困，解决方法一是教育，二是帮助。教育他们树立勤劳致富光荣，懒惰贫穷可耻的思想。帮助就是给他们提供更多的致富机会，并把他们"扶上马，再送一程"，对个别懒惰成性，妻儿难养者应强制其劳动。

## 第四节　庆阳市富裕农民的类型

庆阳市地形偏僻，条件严酷，经济发展水平低，农民致富比较困难，但在党的富民政策的鼓励和各级政府的帮助支持下，部分农户解放思想，苦干加实干，摆脱了贫穷，过上了富裕生活，对富裕起来的这些农户的致富原因和类型做点调查和研究是很有意义的，因此笔者最近在西峰区周围农村做了些社会调查，对30户相对富裕农户的富裕原因做了分析，归纳整理结果如下。

### 一、有创业精神，经营才能

有一个农民原来卖过柴，打过铁，后从事建筑材料零售业，经过20年的艰苦经营和大胆创业，现在成了庆阳市某实业公司总经理，注册资金200万，社会融资数百万。考察其创业经历，此人有两大特点：一是专心干实事，注意力不转移，到现在不会抽烟，不会打麻将，也没有其他生活爱好；二是眼光敏锐，胆大心细，凡是他看中的生意，敢下赌注，敢囤积货源。用他自己的话来说就是：一旦看中行情就要下决心大批量进货，用能筹集到的所有资金，甚至连出差的零花钱都要用来进货。

## 二、摆脱传统思维方式

原乡办企业职工李某，做过长途贩运，承包过小型工程，现加工农副产品。该人的最大特点是不受社区传统思维的影响，不怕别人在后面说三道四，农村人认为最大的也是最需要花钱的几件事，比如，抬埋老人，老人去世三周年祭，给儿子娶媳妇等他都一概从简，不过事，不待客，自己的事自己处理，尽管受到社区乡民的种种非议、责难，但他个人能够坚持己见。经过近 20 年艰难的资本原始积累过程，现今办起了有一定规模的农副产品加工厂，家里盖起了三层小楼。

## 三、改变传统生活方式挈妇将雏发展

在调查中我们了解到部分农民进城做生意会遇到如下困难：一个人单干，人手紧张，顾此失彼，常常是进货就得关门，开业就顾不上进货，两个人合伙，经济效益就减少了一半。例如：在城里开个卖水果的摊点，年收入 8000 元，两个人均分就各得 4000 元，媳妇在家里养了一头猪、几只鸡，还要照顾孩子念书，全家人都很忙，但年终没效益。有 5 户农民干脆带着媳妇在城里安家，孩子也转到城里念书，这样生意上有了帮手，生活上有了照顾，孩子念书不用走远路，家庭经济收入增加了一倍，现在夫妻合伙开店，同心同力，年收入超过 10000 元，成了农民中的富裕户。

## 四、有一定的技术、资格和工作经验

有 3 位乡村医生、1 位兽医、2 位电焊工是当地社区里的相对富裕农户。这 3 位医生其中 1 人创办了私立医院，2 人有私人诊疗所，他们靠专业技术行医治病，救死扶伤，个人也取得了比较好的经济收入。2位电焊工都有等级证书，小时工资达30元，年收入都过了万元。那位兽医既出诊，又卖药还兼营饲料业，是他们那个村民小组的富裕户。

**五、祖上有经商传统，子承祖业，经商致富**

有2户农民，其祖上曾行游天下，经商卖艺，新中国成立后在董志塬（西峰区所在的平原）安家落户，后加入了合作社。20世纪90年代初其孙辈步入商界，南来北往，东买西卖，先后从事过粮食，农机配件，建筑材料经销。在农村属于典型的子承祖业，致富经商型农民。

**六、离开原居住地，进大城市创业**

在我们的调查对象中到距离远一点的大城市创业的有3人。1人在上海从事建筑业。另外2人分别在西安和北京，均从事餐饮服务业。他们都是年轻人，在外地从业都已超过4年，且在打工地组建了家庭，每年给家里老人寄回赡养费3000元到8000元不等，老人们在家里也搞点特色种植和养殖，生活比较富裕。

**七、改变种植业结构，经营他业**

这里的多数农户都是夏粮种小麦，秋粮种玉米，支出多收入少，增产不增收。改变种植业结构，有5年以上经历，并达到一定规模的，其收入比原来种粮多10倍到15倍。例如有1户花园，2户苗圃，3户苹果园。10亩地种小麦年收入2500元，但是10亩果园年收入可达2万~4万元，苗圃和花园年收入就更好。

**八、有社会关系的提携和帮助**

在调查中我们碰到 2 户农民的经济收入明显高于其他农户，精神生活也比较富裕。经了解，一户农民中的 1 人是专职的工程管线安装人员，他姐夫是某建筑公司经理，凡他姐夫承包的工程，电路管线都由他负责安装或转包他人。另一户农民中的 1 人从事碑匾旌旗、广告牌的制作，其主要业务来源是某国有大企业的广告工作和会场布置，而这项工作的单位主管正好是他舅舅。靠社会关系的提挈和帮助是农民摆脱贫穷，走向富裕的途径之一。

## 第五节 增加庆阳农民收入要分两步走

20 世纪 90 年代中期以来，庆阳市认真贯彻党在农村的各项方针政策，以稳定解决温饱为目标，紧紧围绕农业增效、农民增收、农村稳定，坚持"基本农田＋集雨节灌＋科技推广＋结构调整"的旱作农业发展路子，坚持抗旱生产和综合开发，加快改善基本条件，大力开展小水利建设和地膜覆盖种植，在努力增加粮食生产的同时，积极发展经济作物和多种经营，农业和农村经济整体保持了持续发展的较好态势。粮食生产水平显著提高，农村基础条件逐步改善，主导产业日趋壮大，农业改革稳步推进，农民生活水平明显提高。但是我们也清醒地看到庆阳人民的收入水平和消费水平与全国和周边地市相比差距仍然很大。以劳务输出为主要经济来源的家庭年工资性收入 5000 元，5 口人，人均 1000 元（粮食自给）。以经营农业为主的家庭：种植 8 亩地、家养 2 头牛（5只羊或3口猪）、10只鸡、门前几棵杏树、田边地头两行金针（黄花菜），好年成年均收入3500元，5口人，人均700元（粮食自给）。这个收入水平只能解决温饱，经不起大灾小病的折腾，更不能支持子女就读大学、职校、技校，个别家庭的子女甚至完不成义务教育。

庆阳市委市政府在吃透区情的基础上，制定了"十五"发展规划，已经取得了可喜的发展成就。笔者认为从庆阳的区位条件、自然条件、资源禀赋、农民的观念素质等因素去综合考虑，要增加庆阳农民的收入，提高庆阳农民的综合素质，使庆阳人民跟上时代前进的步伐，融入工业经济和知识经济的潮流中去，要分两步走。

第一步：发扬老区精神，挖掘资源优势，大搞特色种植，特色养殖，建立以出口为目的的外向型加工企业；做好劳务输出前的技术指导和培训，增加劳务输出的数量，提高劳务输出的质量；加快城市化建设步伐，增加农民就近进城务工的机会。

首先，调整种植结构，发展特色农业。庆阳人民传统的种植结构是冬粮小麦、秋粮玉米。其实庆阳宜种粮食作物有163个品种，经济作物有149个品种，林木有204个品种，水果有80个品种，牧草249种，畜禽87种，野生动物169种，药用植物445种，有69种列入中国药典，25种列入出口商品。苹果、杏子、黄花菜、白瓜子是闻名遐迩的名优特产。这些都是庆阳人民发财致富的"绿黄金"，只要我们以市场为导向，选好品种，规模种植，批量收购，分门别类加工出口，就一定能取得较好的收益。目前在具体做法上要抓好四项工作：第一，实行"三压三扩"，调整品种结构。即压劣质扩充优质，压滞销扩充畅销，压常规扩充专用。大力发展高附加值的专用小麦、玉米以及谷子、荞麦和优质苹果、牛羊、烤烟、精细蔬菜、白瓜子、黄花菜等特色农产品，加快实现农产品的优质化。第二，农业内部结构调整。种植业要适度压缩粮食作物，突出发展经济作物，扩大饲草种植面积，改变目前以粮、经为主的二元结构为粮、经、饲三元结构。养殖业要依靠科技，大力发展畜牧业，突出规模养殖，重点发展肉牛、肉毛（绒）羊、肉鸡和特种养殖。第三，区域结构调整。建立中南部苹果、北部杏两大果品基地，中南部肉牛、细毛羊；北部肉、绒（毛）羊、城郊禽奶三大畜牧业基地；城郊建立优质蔬菜生产基地；以镇原、合水、庆阳为主建立优质黄花菜基地；在华池、合水、宁县子午岭林区边缘建立白瓜子生产基地。第四，做好县乡规划，建立晋枣、核桃、花椒及名贵中药材等特色种植基地。

其次，做好劳务输出的引导和服务工作。以劳务输出的方式获得货币工资是庆阳农民最主要的收入来源之一，因此我们要做好劳务输出的服务和引导工作，提高劳务输出的质量，增加劳务输出的数量。目前庆阳农民出门后有这样几个去向：第一，投奔建筑工地，当小工。第二，在城市找一些小时制工作。第三，有一定的技艺和一些简单的工具，从事技术服务业。第四，受雇于当地餐饮业和服务业。所从事工作对人员素质要求低，技术含量低，多是累活、重活，工资较低，工期不定。对庆阳来说劳务输出至少有以下几方面的作用：第一，减少庆阳市土地的人口承载量，缓解人地矛盾，减少生态破坏的程度。第二，增加农民收入，改善农民的家庭生活条件。第三，输出劳动力学到了知识，学到了技术，开阔了视野，解放了思想。第四，可以产生自愿自觉的移民现象，使一部分贫困人口从根本上脱离庆阳地区，融入经济发达地区的发展中去。第五，较长时期，一定规模的劳务输出，会从根本上改变庆阳市封闭型、稳定型、落后型的发育迟缓状态，为国家开发庆阳市各项具体措施的落实奠定一个基础性条件。因此对庆阳各级领导干部来说在劳务输出问题上要端正两个认识，做好几项工作。一是劳务输出不会影响庆阳经济发展，相反有助于促进庆阳经济发展，二是为劳务输出花费的教育训练费用和组织费用不是对有限财政资金的浪费，而是对这些资金的合理使用。在劳务输出的具体途径上要做好：组织工程承包型劳务输出、鼓励投亲靠友型劳务输出、保护合伙搭档型或单枪匹马型劳务输出、启动学生实习型劳务输出。关于最后一点笔者认为，以庆阳市现有的职教中心、职业学校等为基地，大量吸收17—23岁停止学业的男女青年，进行两年时间的应用型技术培训，第三年组织学生奔赴各地对口行业和相近行业进行实习，经过一年时间的实习，能够在外地找到合适岗位，并且愿意留下来继续工作的就留下来。年轻人适应性强，头脑灵活，经济负担轻，是进行技术培训、劳务输出的最佳群体。

最后，加快城市化建设步伐，增加农民就近进城务工的机会。庆阳市总人口2514574人，其中农业人口2237538人，非农业人口277036人，分别占89%和11%，是典型的农业社会。加快城市化建设步伐，发展工业，增加农民进城务工的机会和农民变市民的机会是增加农民收入的战略性措施。为了发展城市，庆阳市制定了建设"长—西—庆"经济增长带和以县城为中心的发展构想，已经取得了阶段性成就，鼓舞人心，需要继续努力，多方筹资，完成计划，为庆阳工商业的大发展奠定一个基础性条件。在发展城市的同时，城市的大门应向农民打开。朱暄提出，农民进城只要有了安身立足之地，不论打工、经商，既可获得可观的经济收入，又可立即享受到城市的环境氛围，使他们开阔眼界，增长知识，掌握信息，提高自身素质。从这个意义上讲，农民进城的本身就意味着脱贫。庆阳市在打破户籍壁垒，向农民打开城市之门方面做了一定的工作，制定了一些措施，取得了一定的成绩。在抢抓机遇，跨越式发展的今天庆阳人要抢先打破常规，为农民就近进城务工创造更多的机会。

第二步：制定庆阳市教育发展条例，发展素质教育，用16年时间培养一代新人，使农民子女进入城市，融入知识经济发展的大潮，彻底截断传统农民队伍的繁衍，从根本上增加庆阳农民的收入。

提高人口素质，培养知识型人才是农村农业劳动力人口转移的方式。即农民子弟经过教育后，进入其他国民经济部门。这一途径至少有两大优点：一是割断了传统农民队伍的繁衍。二是农村中经过教育途径培养出来的新一代人才，不仅能够适应工业经济的需要，同时适应知识经济的需要，这些新型人才的就业具有极大的适应性，有些甚至能在知识经济的领域中开辟新的就业部门。

就庆阳市来说，如果把儿童从7岁开始上学，经过16年教育到大学毕业看成一个教育周期，16年后现在30岁（假设孩子7岁）到40岁的做父母的人已经是46岁到56岁的年龄，在现有的农民队伍中除去逝世的老人和脱离农业的人口，传统农民队伍将大量消逝，与此同时，传统农业与农村也在逐步消失。不难想象16年后庆阳市东南部的西峰、正宁、宁县、镇原的一些较大的塬面上将是现代绿色特色农业园，西北部的环县、华池、庆城、合水和东部其他山坡地将是生态无人区或林区和草场。

通过提高庆阳农业人口的整体素质，实现农业人口的整体跨行业转移，是彻底解决庆阳农民收入的根本方法，它还具有提高庆阳生态质量，实现劳动力资源的合理配置，摆脱就庆阳发展的狭隘思路，把庆阳人和庆阳这片土地融入全国和全球经济资源的合理流动中去的多重作用。可以说如果把这一思路制定成政策并贯彻执行就可以取代目前庆阳市许多花大钱取得局部效益，费大事取得临时效益的措施。如果算细账，有10年时间就可以见到成效，因为在目前的条件下庆阳的孩子们基本都能完成小学教育。

这是一项艰巨而复杂的工程，从宏观上分析，阻力来自两个方面：一是观念阻力，即全区上下，从温饱尚未解决的山区农民到决策领导都要有深刻的认识和战略性理念，要把培养孩子念书当成家庭工作的重点和全市工作的重点；二是经济阻力，即政府能否提供足够多的学校，社会能否提供足够多的合格的教师，家长能否为孩子提供充分的合理费用，还有就是在条件具备的情况下孩子能否自愿自觉地完成学业。解决这些堡垒问题的思路有以下几条：发扬老区精神，拿出当年老区人民支援红军创建根据地，支援红军抗日的精神，支持我们的孩子读书到大学毕业；出台更加优惠的措施支持民办教育的大发展；调整财政投资结构，取消一些临时性、局部性、见效不明显的投资，用于发展教育；扩大助学贷款的规模，放宽助学贷款的范围；建立庆阳教育基金，如果有谁家的孩子因经济拮据而辍学，可以用基金支付；探索新的教学方法，提高孩子们的学习兴趣，因材施教，避免孩子们因感到学习乏味而停学；支持改革、鼓励创新、切实提高教学质量，例如，庆阳的孩子们英语学不好，可以考虑增加英语课时，改革英语教法，创建全英语幼儿园、全英语小学等。

## 第六节  劳务输出是带动贫困地区经济发展的可行办法

经过十几年声势浩大的扶贫开发，我国贫困地区的生产生活条件明显改善，贫困人口大幅度减少，但由于这些地区自然条件恶劣，生态破坏严重，基础设施薄弱，生产方式落后，群众生产生活十分困难，目前还存在以下几个明显特征：第一，农业是当地经济的主要支柱，但农业的生产力水平很低。第二，地方经济发展水平低，综合实力很弱，依靠自身的力量解决贫困问题的难度很大。第三，劳动力文化素质低，负担较重，严重制约着农户收入水平的提高。第四，农民人均收入水平低，收入结构单一，增长缓慢，消费层次很低。

为了尽快解决极少数贫困人口的温饱问题，进一步改善贫困地区的基本生产生活条件，巩固温饱成果，加强贫困乡村的基础设施建设，改善生态环境，逐步改变贫困地区社会、经济、文化的落后状况，为达到小康水平创造条件，党中央国务院从战略全局出发，制定了一系列从根本上改变贫困地区落后面貌的措施和途径。笔者认为以劳务输出为引力，带动贫困地区经济发展，是改变局部贫困地区落后面貌的一条本标兼治的可行办法。

**一、劳务输出的作用**

（一）减少贫困地区土地的人口承载量，缓解人地矛盾

贫困地区最缺少的就是耕地，石垒堰像带子一样环山而筑的梯田，是农民赖以吃饭的基本农田，由于人口不断增长，人均耕地逐年下降，

有的地方甚至只有 0.07~0.013 公顷耕地。广西石山区人均耕地不足 0.02 公顷的有 20 万人，不足 0.07 公顷的有 50 万人，而且土层薄，土质贫瘠，为了生存不得不在陡坡上开荒，大雨一来，山坡表土被冲刷而下，土层薄的地方成了石山，资源遭到永久性破坏，于是土地资源越来越少，土地越来越贫瘠。贵州是典型的山区省，全省人均耕地只有 0.057 公顷，比全国人均耕地少 0.043 公顷，且耕地质量差。北部落后省区人均耕地资源虽多，但由于降水量少，水资源匮乏，故粮食产量极低，如果降雨连 250 毫米都达不到或者降雨时间与作物需水时间相悖，就会形成灾年，新中国成立前每遇灾年，人口就会大量外迁。因此，劳务输出会减少贫困地区土地的人口承载量，缓解人地矛盾。

(二) 增加农民收入，改善农民的家庭生活条件

贫困地区由于人均耕地少，容纳劳动力有限，乡镇企业发展滞后，消化剩余劳动力的能力低，农村集镇发展的水平低，分流剩余劳动力的功能弱，农民增加收入的机会太少，而劳务输出则有利于增加农民收入，改善农民的家庭生活条件。据安徽、四川、湖南、湖北、河南、江西六省抽样调查推算，1992 年外出流动劳动力创造的劳务收入达到 280 亿元，每人平均创收 1200 元。其中安徽省民工创收 75 亿元，比当年全省 55 亿元的财政收入多出 20 个亿。劳务输出户按户均 4 口人计算，人均收入增加 300 元。一些贫困地区，甚至做到"输出一个，脱贫一户"。江西省民工创收 38 亿元，全省农民人均收入增加 120 元。根据有关研究人员对西南部 100 余个贫困县进行的调查，这些县几乎都出现了这样一个事实：外出打工的劳务汇款，是县财政收入的 2 倍以上，有的达 5 倍。劳务输出带来了农民收入的增加，提高了贫困农民的社会购买力，改善了农民的家庭生活条件。

（三）输出劳动力学到了知识，学到了技术，开阔了视野，解放了思想

贫困地区要么山大沟深，要么沙丘阻隔，人口居住分散，交流联系少，社区功能差，发展教育难度大，时至今日有些人对教育的作用仍缺乏认识，以户或族为单位，形成很顽固的封闭型思想观念，学龄青少年就学率低、辍学率高，对成年人进行潜入式文化素质教育和思想观念教育的难度会更大，而在劳务输出活动中，以获取收入为目的，以耳闻目染、潜移默化为方式，可以学到在本地即使付出高昂的教育费用也无法学到的某一方面的技能技术、投资、生产、销售等经营知识，不甘贫穷、不甘愚昧、想过现代化生活，想具备现代素质的想法，带领家乡群众共同致富，做群众致富带头人的想法。调查发现，凡是外出打工连续3年以上的，大约20人中就有1人回乡当老板，在西南地区，这个比例是1/10，在粤北、江西、湖南甚至高达1/5。曾经是黄土高坡一身臭汗的甘谷农民，摒弃"三分地，一头牛，老婆孩子热炕头"的传统观念，在"外引内联，向西开放"的热浪吸引下，乘着改革春风，穿过河西走廊，纷纷来到乌鲁木齐长江北路商贸城和长征饭店批发市场，租房屋摆摊位，然后从浙江、福建、河北、陕西、四川等地厂商那里批发来大批物美价低的竹帘、凉席、凉帽、床单、被单、成衣，用微利向中亚客户和新疆人批发零售，既挣来了"票子"，又学到了知识，开阔了视野。

（四）可以产生自愿自觉的移民现象，使一部分贫困人口从根本上脱离贫困地区，融入经济发达地区的发展中去

在长期的劳务输出活动中，有部分人口在经济相对发达地区掌握了一定技能，有了相对稳定的职业和住所，有的人在迁入地组建了家庭，

有的人把全家搬迁到迁入地，在新的地区定居生活，谋求发展，融入经济发达地区的发展中去，这是在发展市场经济中不可避免的现象，且具有如下好处：第一，减少了贫困地区的人口，增加了贫困地区人口的人均土地和其他经济资源的人均占有量。第二，减少了为谋求生存而对生态环境的破坏，给生态环境提供休养生息的机会和创造重新恢复的条件。第三，为经济相对发达地区提供了优质廉价的劳动力。第四，改变了迁出者的生产和生活条件，达到了从根本上脱贫致富的目的。

（五）较长时期，一定规模的劳务输出，会从根本上改变贫困地区封闭型、稳定型、落后型的发育迟缓状态，为国家开发贫困地区各项具体措施的落实奠定一个基础性条件

为增加贫困人口的收入，国家制定了许多切实可行的措施，因地制宜发展种养业、搞好农业结构调整发展特色农业、大力发展农业产业化经营等。这些措施的最终落实，归根结底要靠贫困地区的干部和群众智慧的头脑、灵活的双手去一样一样，一件一件地干出来，而一个环境闭塞，思想僵化、风气落后、文化教育水平很低的地区，不论外因条件多么良好和成熟，内因条件不具备，这些很好的措施还是难以收到预期的效果。因此，全面提高贫困地区的社会发展水平，是各种扶贫开发措施产生预期效果的前提。较长时期，较大规模，较多人数的劳务输出，增加了贫困地区人口的流动次数，丰富了信息内容，冲击了传统观念，打破了原来的稳定形态，使贫困地区出现了现代化、多元化，生机勃勃的新局面。劳务输出对贫困地区的农民来说具有不花钱"上大学"，不吃家里粮，挣了别人钱，行千里路等于读万卷书的作用，从而为国家各项开发贫困地区措施的具体落实创造前提条件。

**二、劳务输出的具体途径**

(一) 学生实习型劳务输出

以贫困地区现有的职教中心、职业学校、就业培训中心和全日制学校的职业班为基地，大量吸收17—23岁停止学业的男女青年，进行两年时间的应用型技术培训，培训专业以技能性和实用性为目标，诸如实用英语、计算机应用、电算会计、缝纫技术、医疗护理、家政服务、柜台营业员、上门推销员、泥瓦工、果树栽培修剪、农业实用技术、拖拉机汽车修理驾驶等。第三年组织学生奔赴各地对口行业和相近行业进行实习，经过一年时间的实习，能够在外地找到合适岗位，并且愿意留下来继续工作的就留下来，愿意回家的就回到家乡，利用自己的技术特长参与家乡建设。年轻人适应性强，头脑灵活，经济负担轻，是进行技术培训、劳务输出的最佳群体。

(二) 工程承包型劳务输出

市镇建设、公路铁路建设、机场车站建设、企业建筑和住宅建设既是资金密集型行业，又是劳动力密集性行业，需要大量的半机械化和手工操作的劳动力，是劳务输出的主要行业。据贵州省安顺农校陈红文同志对贫困地区6省6县46个村446个样本户的劳动力转移调查资料显示：贫困地区的劳动力转移主要是流向服务业和建筑业，其中流向建筑业的高达27.5%。其原因主要是劳动力素质低下，资金不足，打工信息不畅，因此贫困地区可以有意识地组建一批有一定规模和水平的建筑企业，充分利用西部大开发，基础建设先行的历史机遇，开展外向型工程承包业务，增加群众收入，壮大本地经济实力。例如，地处太行山的河南省林州市（原林县）20世纪80年代再次创业，10万大军出太行，大搞劳务输出,很快形成了强大的建筑业优势。利用这种起步性优势,积累了资金,培养了人才,增加了贫困地区劳动力的收入。

(三)投亲靠友型劳务输出

就是在经济相对发达地区亲戚朋友提供初始帮助的便利条件下打工,外出打工人员面临的直接困难就是食宿条件和职业介绍,并寻求一定的心理支持,因此凡外地有亲朋可以投靠者,找职业比较方便,且相对稳定性强,有困难还可以及时求助,这些人是劳务输出群体中的幸运者。

(四)合伙搭档型或单枪匹马型劳务输出

这些人出门后有这样几个去向:第一,投奔建筑工地找一些急需用人的基建项目,多数干的是粗活、重活。第二,游荡街头找一些二手房改造,或其他小时制工作。第三,有一定技艺和一些简单工具,从事诸如包沙发、封阳台、疏通管道、送纯净水、送液化气灌、清洗灶具和洁具等。第四,受雇于当地的餐饮业和其他服务业,工资和工期双方协议,一般情况下工期不定且工资较低,对初来乍到的打工者来说只能是权宜之计。

### 三、对劳务输出几个问题的再认识

(一)劳务输出不会影响当地经济发展,相反有助于促进当地经济发展

有人认为劳务输出在理论上不是立足于当地经济建设,在实践中劳动力输出是对当地生产要素的减少,所以不宜提倡,实质上这个问题在本节第一部分劳动力输出的作用中已经论述得比较清楚。这里仍需要补充说明的是:第一,劳务输出不是政策性移民,想出去能出去的人毕竟

只占贫困地区人口总数的一小部分，而在这一小部分中又有一部分是属于季节性打工和就近农闲时打工，不会影响当地经济建设。第二，贫困地区本身条件严酷，生态破坏严重，人地矛盾尖锐，人口减少就是对贫困地区经济发展最大的帮助。第三，如果出现部分人口一旦流动出去不再回来的情况那就更好，因为我们既要发扬"愚公移山"的精神，也不否认"愚公搬家"的明智选择，我们开发贫困地区的目的就是要改善这里人民的生活条件，使他们过上富裕的现代化生活，如果他们能在异地尽早地改善自己的物质条件，丰富自己的精神生活，正是我们的期盼，我们又何忧之有呢？

（二）为劳务输出花费的教育训练费用和组织费用不是对当地有限财政资金的浪费，而是对这些资金的很好使用

有人认为以劳务输出为目的，花费的资金是对当地有限资金的一种浪费，是为他人做嫁衣，其实这种看法是不全面的。第一，劳务输出提高了劳动者的整体素质，既是基础教育的继续，又是岗位工作技能的训练，既为国家培养了劳动力，又为这些劳动者融入现代生产和现代生活创造了条件。第二，贫困地区人民脱贫致富奔小康，过现代化生活归根结底要靠自身用几十年时间的努力才能实现，因此，劳务输出主观上是为了过上更好的生活，客观上也是一个不断学习，解放思想的过程，这些人如果回来参与当地经济建设就会用新的方式去思考运作。

# 参考文献

一、专著文献资料

［1］安江林，王银定，曹光中．工业成长与区域发展［M］．兰州：甘肃人民出版社，1996．

［2］鲍冠文．体育概论［M］．北京：高等教育出版社，1995．

［3］邓小平．邓小平文选：第3卷［M］．北京：人民出版社，1993．10．

［4］菲利普·科特勒等．市场营销管理：亚洲版·第2版［M］．北京：中国人民大学出版社，2001．

［5］高振生．市场营销学［M］．北京：中国物资出版社，1996．

［6］郭文奎．庆阳主导产业开发研究［M］．兰州：甘肃人民出版社，2003．

［7］郝渊晓，蔡燕农．市场营销学［M］．北京：中国物资出版社，1996．

［8］景新．落后地区开发通论［M］．北京：中国轻工业出版社，

1999.

[9] 李铁成. 庆阳农村经济 [M]. 兰州：甘肃文化出版社，1998.

[10] 刘彦平. 城市营销战略 [M]. 北京：中国人民大学出版社，2005.

[11] 刘志伟. 营销人员时间管理 [M]. 北京：中国纺织出版社，2006.

[12] 罗伯特·帕蒂. 富人为什么富有 [M]. 李涛，张书森译. 呼和浩特：远方出版社，2004.

[13] 庆阳年鉴（2004）[M]. 北京：中国统计出版社，2004.

[14] 宋小敏等. 市场营销案例与评析 [M]. 武汉：武汉工业大学出版社，1992.

[15] 谭昆智. 营销城市 [M]. 广州：中山大学出版社，2004.

[16] 王缉慈. 创新的空间：企业集群与区域发展 [M]. 北京：北京大学出版社，2001.

[17] 王俊宜，钱淦荣. 政治经济学 [M]. 北京：化学工业出版社，1982（4）.

[18] 王文艺. 市场营销实训指导手册 [M]. 杭州：浙江大学出版社，2004.

[19] 王义. 培育特色优势产业积极参与国际竞争 [M]. 中共庆阳市委办公室，中共庆阳市委政策研究室. 建市以来重要文稿选编：第二辑. 2006.

[20] 卫兴华，顾学荣. 政治经济学原理 [M]. 北京：经济科学出版社，1996.

[21] 奚广庆. 邓小平理论概论 [M]. 北京：中国人民大学出版社, 1998.

[22] 薛玲仙. 新兴资源型城市工业可持续发展研究——陕西榆林工业化之路 [M]. 北京：经济科学出版社, 2008.

[23] 朱成钢. 市场营销学 [M]. 上海：立信会计出版社, 1999.

[24] P Martin, G I P Ottoviano. Growing Locations: Industry Location in a Model of Endogenous Growth [M]. CEPR Discussion Paper Series. 1997, No. 1523 March17.

## 二、论文文献资料

[1] 艾云航. 发展特色经济 增加农民收入 [J]. 农业经济问题, 2001 (4).

[2] 白靖宇, 张伟峰, 万威武. 国内外产业集群理论研究综述 [J]. 当代经济科学, 2004 (3).

[3] 鲍晓明. 体育大国向体育强国迈进的战略研究 [J]. 南京体育学院学报, 2009, 23 (6).

[4] 比小宁. 甘肃省旅游资源浅析 [J]. 兰州学刊, 1987, 41.

[5] 陈红文. 浅析贫困地区农村劳动力转移 [J]. 农业经济问题, 2001 (4).

[6] 陈佳贵, 王钦. 中国产业集群可持续发展与公共政策选择 [J]. 中国工业经济, 2005 (9).

[7] 陈建勤. 21世纪初我国国内旅游消费走势分析 [J]. 社会科学家, 2001 (5).

[8] 陈建勤. 银川黄河开发区旅游基础条件与发展策略研究 [J].

生产力研究, 2007 (7).

[9] 陈克恭. "一体两翼"互动加快庆阳发展 [J]. 庆阳开发与建设, 2003 (5).

[10] 陈永军, 李敬辉, 朱先敢. 体育旅游开发之初步探讨 [J]. 西安体育学报, 2001, 18 (3).

[11] 陈玉忠. 体育强国概念的缘起、演进与未来走向 [J]. 天津体育学院学报, 2010, 25 (2).

[12] 樊忠涛. 基于SWOT分析的区域旅游业可持续发展策略研究——以甘肃庆阳市为例 [J]. 绥化学院学报, 2007 (3).

[13] 侯家营. 增长极理论及其应用 [J]. 审计与经济研究, 2000 (6).

[14] 黄莉. 从体育强国内涵探究体育综合实力构成 [J]. 上海体育学院学报, 2010, 34 (4).

[15] 康帆. 甘肃省城市社区老年体育健康调查 [J]. 卫生职业教育, 2012, 30 (5).

[16] 课题组. 思茅市推进普洱茶产业化的政府工程研究 [J]. 中国流通经济, 2006 (12).

[17] 寇嘉琪, 方磊. 甘肃少数民族聚居区传统体育研究 [J]. 赤峰学院学报 (自然科学版), 2012, 28 (1).

[18] 李小惠, 杨新平, 陈炜晟. 甘肃省不同学历人群参加体育锻炼的特征分析 [J]. 甘肃科技, 2011, 27 (13).

[19] 李志宏, 姜勇. 关于解决我国"三农"问题战略抉择的思考 [J]. 经济界, 2002 (6).

[20] 廖才茂. 低梯度陷阱与跨梯度超越 [J]. 当代财经, 2002 (9).

[21] 林民书. 中小企业的空间聚集及区域政策的构造 [J]. 中国经济问题, 2003 (1).

[22] 刘翀辉, 胡步刚. 对我市黄花菜产业发展中存在的问题分析及对策建议 [J]. 庆阳开发与建设, 2005 (4).

[23] 刘湘溶, 李宏斌, 龚正伟. 质疑传统体育概念和体育分类 [J]. 湖南师范大学社会科学学报, 2006, 35 (6).

[24] 柳伯力, 尧燕. 体育与旅游结合的机理分析 [J]. 成都体育学院学报, 2002, 28 (3).

[25] 卢长宝, 郭晓芳, 王传声. 价值共创视角下的体育旅游创新研究 [J]. 体育科学, 2015, 35 (6).

[26] 路卓铭, 胡国勇, 罗宏翔. 资源型城市衰退症结与经济转型的中外比较研究 [J]. 宏观经济研究, 2007 (1).

[27] 穆耀. 论西部大开发的技术创新战略 [J]. 甘肃社会科学, 2001 (3).

[28] 庆阳市政协, 庆阳市政协联合调查组. 特色产品催生特色产业特色产业激活特色经济. [J]. 庆阳开发与建设, 2005 (4).

[29] 任冀军. 体育与旅游结合的发展前景 [J]. 哈尔滨体育学院学报, 2005, 23 (2).

[30] 宋天亮. 甘肃少数民族传统体育资源的开发及利用 [J]. 赤峰学院学报（自然科学版）, 2013, 29 (1).

[31] 唐志丹. 用科学的质量观营造品牌 [J]. 市场营销, 2001 (1).

[32] 汪青松, 卢卫强. 比较优势、竞争优势和后发优势 [J]. 商业研究, 2005 (8).

[33] 王步芳. 世界各大主流经济学派产业集群理论综述 [J]. 外

国经济与管理（沪），2004（1）.

[34] 王晓化. 提高庆阳市农产品出口竞争力的几点建议 [J]. 庆阳开发与建设，2005（4）.

[35] 王义. 政府工作报告 [J]. 庆阳开发与建设，2006（1）.

[36] 王义. 抓产业促增收建家园奔小康 [J]. 庆阳开发与建设，2005（5）.

[37] 王智慧，池建. 体育强国的指标评价体系 [J]. 北京体育大学学报，2014，37（11）.

[38] 徐本力. 体育强国、竞技体育强国、大众体育强国内涵的诠释与评析 [J]. 天津体育学院学报，2009，24（2）.

[39] 徐康宁. 开放经济中的产业集群与竞争力 [J]. 中国工业经济，2001（11）.

[40] 姚自昌. 北豳周祖农耕文化浅说 [J]. 古今农业，2002（4）.

[41] 于军. 建设体育强国进程中群众体育发展战略 [J]. 山东社会科学，2013（12）.

[42] 于萍. 资源型城市发展接替产业问题研究 [J]. 调研世界，2007（12）

[43] 岳颂东. 在西部大开发中注重加快旅游业发展——以甘肃省旅游业考察为例 [J]. 旅游调研，2005（4）.

[44] 张立强. 浅谈体育与旅游产业融合发展的策略 [J]. 体育世界（学术），2016（8）.

[45] 张松柏，李红艳. 论不发达地区增长极的培植 [J]. 陕西省行政学院学报，2002（3）.

[46] 张松柏. 浅议庆阳地区"长—西—庆"经济增长带的建设

［J］．社科纵横，2002（6）．

［47］张松柏．庆阳市发展黄花菜产业的对策研究［J］．商场现代化，2007（1）：285．

［48］张文礼．大力发展特色农业强化新农村建设的产业支柱［J］．庆阳开发与建设，2006（3）．

［49］张忠．推进我市农业产业化思路探析［J］．庆阳开发与建设，2005（5）：48．

［50］赵玉发，常步才．在比较中看庆阳老区的小康建设［J］．庆阳开发与建设，2003（5）．

［51］郑金芳等．略论我国农业经济持续发展对策［J］．经济师，2002（5）．

［52］郑亚宁等．对华池县小杂粮产购销的情况调查［J］．庆阳开发与建设，2003（5）．

［53］邹师，章思琪，孙丽雯．体育强国目标下我国区域体育发展战略研究结构与特色［J］．体育与科学，2010，31（1）．

## 三、其它文献资料

［1］包国宪．关于庆阳发展问题的战略思考［R］．庆阳：庆阳市委政策研究室，2002．

［2］方创琳．庆阳地区新世纪经济可持续发展战略研究［R］．庆阳：庆阳市委政策研究室，2002．

［3］李含琳．加工出口中国农业产业化的高级形式［R］．甘肃省委党校研究报告，2007．

［4］巩明振．甘肃省体育旅游资源开发的SWOT分析及战略研究

[D]．兰州：兰州理工大学，2012．

[5] 孟峰年．"丝绸之路"甘肃段体育旅游资源开发理论的研究[D]．北京：北京体育大学，2006．

[6] 舒根．湖南省建设体育强省战略研究[D]．长沙：湖南师范大学，2013．

[7] 苏宁．体育大国向体育强国迈进的战略思考[D]．北京：北京体育大学，2010．

[8] 王资演．甘肃民族体育项目发展策略研究——以历届民运会项目发展为例[D]．兰州：兰州理工大学，2013．

[9] 盈雪莉．安徽省体育强省发展的理论探索[D]．合肥：安徽工程大学，2012．

[10] 市委党史研究室．庆阳市革命遗址遗迹普查圆满结束[EB/OL]．庆阳政府网，2010-11-10．

[11] 黄近平．借鉴经验重点突破拼力打造庆阳金三角[C]．庆阳市委政研室．建市以来重要文稿选编：第二辑．2006．[12] 庆阳市委宣传部，长庆油田公司第2采油厂．庆阳市第五届宣传部长论坛暨能源型城市发展道路研讨会论文汇编[C]．2008．

[13] 庆阳年鉴（2001）[Z]．北京：中国统计出版社，2001．

[14] 庆阳年鉴（2005）[Z]．北京：中国统计出版社，2005．

# 后 记

庆阳特色农产品种类繁多，红富士苹果、黄花菜、曹杏、黄柑桃、金枣等有机绿色食品和早胜牛、环县滩羊、陇东黑山羊、羊毛绒等大宗优质农产品享誉国内外。庆阳还是全国规模最大的白瓜子仁加工出口基地。多年来经过理论工作者的耐心引导和农民朋友的艰苦探索，庆阳的特色产业形成了"南果北草、南牛北羊、山区草畜、塬区苹果、川区瓜菜、山地全膜玉米"的规模化种植，产业化经营格局。

在庆阳特色产业从传统自然经济状态向现代产业化经营的逐步转变过程中，科研人员做了大量艰苦的探索和引导工作，该书从一个侧面反映了这一探索过程。

本书共6章，分别从发展特色农产品的对策、建设产业聚集区的对策、培养本土企业的对策、发展能源旅游体育产业的对策、增加农民收入的对策等方面进行了研究，提出了符合当时当地情况，适当超前，农民能接受，政府好操作，服务机构好介入的对策措施。全书共27万字，张松柏教授的专题研究成果占15万字，张婧华老师的专题研究成果占12万字。全书由张松柏教授负责统稿、审稿、编辑出版。

当然该书肯定存在许多不足之处,希望关心庆阳发展的所有同人批评指正,以便我们在今后的研究中参考与借鉴。

作者

2019.6.8